パリから一泊!

フランスの美しい村

栗野真理子

集英社

「フランスの最も美しい村」に魅せられて……

「フランスの最も美しい村」に魅せられるようになったきっかけは、雑誌の旅取材だった。フランス南部の町を訪れたとき、地元の人から「驚くほど美しく、気高い雰囲気の村があるから、ぜひ一度行ったほうがいいですよ」と強く勧められたのが、コンクだった。フランス有数の聖地のひとつだという。それまで正直、コンクという名前すら聞いたことがなかったが、熱心な説明を受け、その言葉に突き動かされるようにその地に赴いた。

パリから電車で南下すること7時間20分。そこから車で40分もかかる秘境で、奥深い山間にすっぽり収まった村は2つの川の合流点にあり、到着したときには太陽の光に包まれて、黄金色に輝いていた。まるで村全体がオーラを放っているような、その崇高な佇まいに感動した。そして、何かに導かれるように入ったロマネスク様式の教会は、それまで目にしてきた教会とは異なり、無彩色のシンプルなステンドグラスがはめられていた。静かに研ぎ澄まされた印象で、これこそが祈りを捧げる場所だと心に沁みいった。後に、コンクがサンティアゴ・デ・コンポステーラへの巡礼路にあり、村にあるサント・フォワ修道院付属教会と近くを流れるドゥルドゥー川に架かる橋は、ユネスコの世界遺産に登録されていることを知った。

その後もこうした旅取材を続けることで、フランスにも幾多の秘境や絶景があり、その多くが「フランスの最も美しい村」に認定されていることを知った。

「フランスの最も美しい村」に認定されている村は、１５６（２０１５年3月現在）あり、フランス各地の村の観光と経済活動を促進する目的で１９８２年に協会が設立された。その村に認定されるためには、人口が２０００人以下で、最低２つの史跡建造物や自然遺産などの保護地区があること、観光客受け入れの態勢が整っていることなど厳しい認定基準があり、一度認定されても基準から外れると認定が取り消しになる。それだけに「最も美しい村」に認定された村は、最高に魅力的な村であることの証明になる。そして私が過去に訪れたいくつかの村も認定されていることに気がついた。

　そこで、「最も美しい村」に認定されている村をクローズアップする企画を立てて、雑誌「マリ・クレール」（日本版）で連載させていただいた。取材に出かけるたびに感じたのは、フランスは食料自給率約１２９％というだけあり、大変豊かな農業国であることだ。北はノルマンディー、東はアルザス、南はコート・ダジュールやプロヴァンス、コルシカ、西はバスク、中部のブルゴーニュなど魅力的な土地がいっぱいだ。しかも地域ごとに風景や文化、食事などがそれぞれ異なり、これらとの出合いが楽しくてしようがなかった。

　そこで垣間見えたのは、人々が頑《かたく》なに守り続ける自然の美しさと伝統文化、アール・ド・ヴィーヴル（美しい暮らし）だ。フランス人は暮らしの中で古いものを愛し、大切にする。その価値観ゆえに歴史的建造物や自然遺産を所有する村も、それらを大切に保存する。折にふれこのようなフランス人気質《かたぎ》に共鳴し、フランスの色彩やデザインにときめき、地元の新鮮な食材やワインに心が躍った。

　本書では、私が訪れた村の中でも、特に各地域の個性が素晴らしいと思った21の「最も美しい村」を厳選した。また、その村を訪れたときにはぜひ泊まりたい、愛すべき上質な宿も併せて紹介する。この本を通して、フランスの自然や伝統、文化、建築、食の魅力をたっぷり感じていただきたい。この本を眺めているだけで、フランスの美しい村のイメージが湧いてくる、いつか行こう……そう思ってもらえる本づくりを心がけた。

　最後に、この本の企画のためにワクワクするような美しい写真を丁寧に撮り下ろしてくださったフォトグラファーのグラミー・ソヴアージュ氏と、長期にわたって緻密な編集作業に携わってくださった佐藤絵利氏に、厚くお礼を申し上げたい。

栗野真理子

CONTENTS

CONTENTS

フランスの美しい村 厳選21

LES 21 PLUS BEAUX VILLAGES DE FRANCE

「フランスの最も美しい村」に認定されている村は156（2015年3月現在）ある。この本では特に素晴らしい21の絶景、秘境の村を厳選した。いずれもパリを起点に一泊すれば滞在可能だが、できれば連泊していくつかの村を回りたい。さらに地域ごとにおすすめの上質なホテルも紹介したのでぜひ宿泊して、村の心地よさを満喫してほしい。

村やホテルへの交通アクセスは、必ずしも簡単ではないので、事前に十分なリサーチをして出かけたい。

人気のモン・サン・ミッシェルと共に行ける花の村、ブーヴロン・アン・オージュの美しさはため息もの。ワイン好きならワイナリーが連なり、ロマネスク建築が荘厳なブルゴーニュ地方や、クリスマスマーケットが愛らしいアルザスもおすすめ。夏ならコート・ダジュールの村々、淡いパステルトーンの色彩が素敵なイル・ド・レの村など魅力は尽きない。

プロヴァンス
1 ムスティエ・サント・マリー
2 ルシヨン
3 ゴルド
4 レ・ボー・ド・プロヴァンス

コート・ダジュール
5 サンタニエス
6 コアラーズ

コルシカ島
7 ピアナ
8 サンタントニノ

ミディ・ピレネー
9 コンク

バスク
10 アイノア
11 サール

アキテーヌ
12 ラ・ロック・ガジャック

ポワトゥー・シャラント
13 ラ・フロット・アン・レ

ノルマンディー
14 ブーヴロン・アン・オージュ

ブルゴーニュ
15 ヴェズレー
16 フラヴィニー・シュル・オズラン
17 ノワイエ・シュル・スラン

アルザス
18 エギスハイム
19 リクヴィール
20 ウナヴィール
21 ミッテルベルグハイム

HÔTEL DE LUXE
Ⓐ ラ・バスティード・ド・ムスティエ
Ⓑ レ・ボリー&スパ
Ⓒ マス・ド・ルリヴィエ
Ⓓ オーベルジュ・ド・ラ・マドンヌ
Ⓔ オテル・ドゥムール・カステル・ブランド
Ⓕ カーサ・テオドラ
Ⓖ オテル・レストラン・エルヴェ・ビュセ
Ⓗ ローベルジュ・バスク
Ⓘ オテル・レストラン・ラ・ベル・エトワール
Ⓙ オテル・アタラントールレ・タラソ&スパ
Ⓚ オーベルジュ・ド・ラ・スルス
Ⓛ オテル・デュ・ヴュー・ムラン
Ⓜ オステルリー・デ・シャトー&スパ

Bretagne & Normandie
14
K
Paris
Alsace
M
21
20
19
18
L
17
15
16
Bourgogne
Aquitaine & Poitou-Charentes
J
13
12
I
G
9
Midi-Pyrénées
Provence
B
3
2
1
6
5
C
4
A
D
11
H
10
Basque
Côte d'Azur
L'UN DES PLUS BEAUX
VILLAGES
DE FRANCE
E
8
F
7
Corse

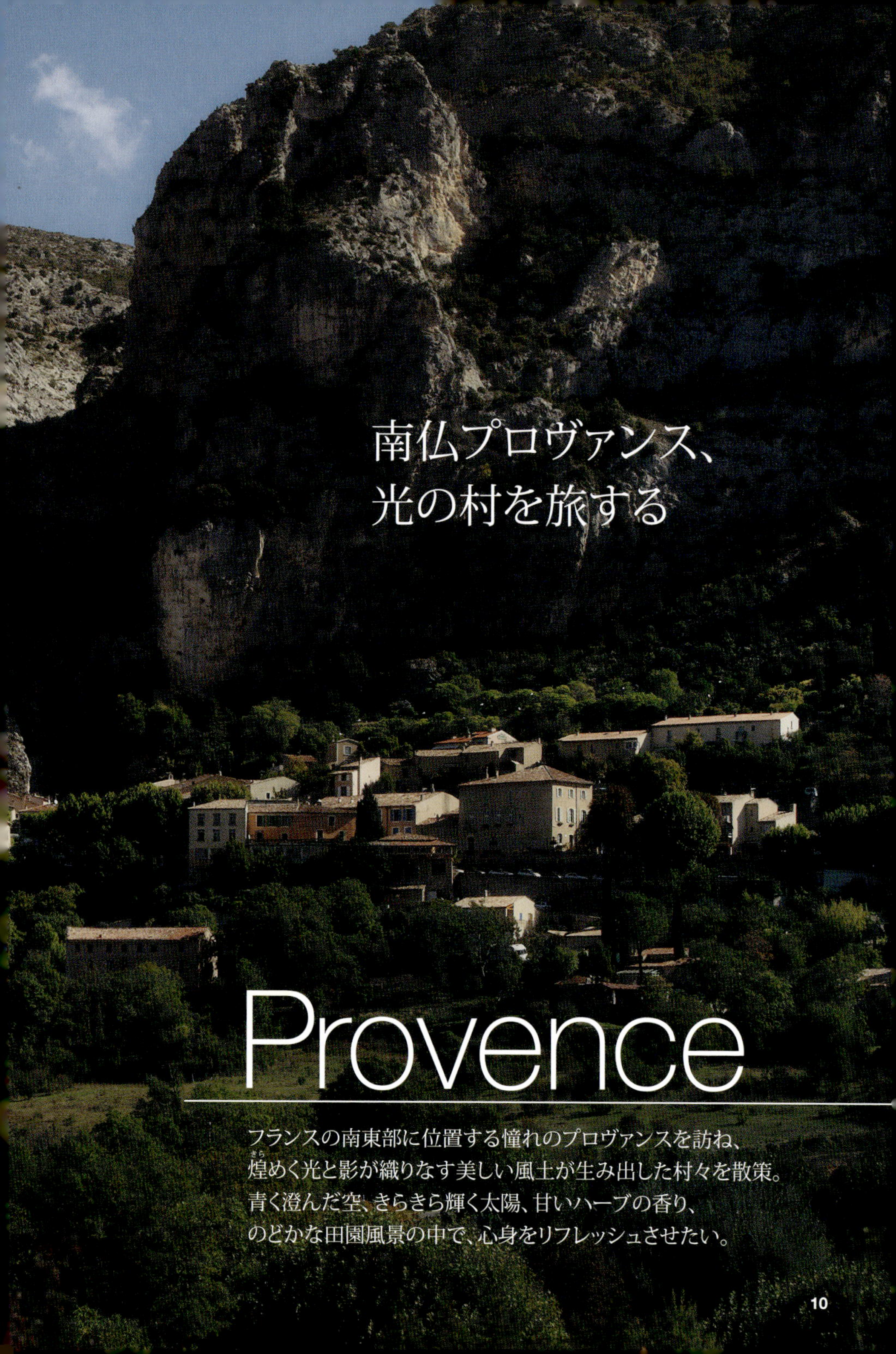

南仏プロヴァンス、光の村を旅する

Provence

フランスの南東部に位置する憧れのプロヴァンスを訪ね、
煌《きら》めく光と影が織りなす美しい風土が生み出した村々を散策。
青く澄んだ空、きらきら輝く太陽、甘いハーブの香り、
のどかな田園風景の中で、心身をリフレッシュさせたい。

美しい村 1 | ムスティエ・サント・マリー

MOUSTIERS-SAINTE-MARIE

ダイナミックな自然に抱かれた陶器の里

ヴェルドン渓谷の清流と良質な土壌から生まれた
ムスティエ焼で知られるムスティエ・サント・マリー。
深い谷間に広がる絶景の小さな村に心奪われる。

陶器の村を散策する

石灰岩の岩山が背後に迫る村の景観に圧倒されながら、陶器屋や土産物屋、ギャラリー巡り。

美しい村 1 | ムスティエ・サント・マリー

MOUSTIERS-SAINTE-MARIE

プロヴァンスの秘境に隠れた陶器の名産地

「南仏プロヴァンスで、一番好きな美しい村は？」と尋ねられたら、迷うことなく「ムスティエ・サント・マリー」と答えるだろう。初めて訪れたのは9年前のこと。某雑誌の仕事で、モナコの「ルイ・キャーンズ」やパリの「アラン・デュカス・オ・プラザ・アテネ」をはじめ、世界各地にレストランを持つ高名なシェフ、アラン・デュカス氏のオーベルジュを取材したときのことだ。

パリからTGVで約3時間、エクス・アン・プロヴァンスで下車し、北東へ車で1時間半ほど村道をつらつらと縫っていく。途中には、温泉地のグレウ・レ・バンやリエズといった町を抜けていくのだが、奥に行くほどしっとりした静養地のような雰囲気になる。デュカス氏が一瞬で魅了され、最初のオーベルジュを建てた土地であるムスティエ・サント・マリーは、どれほど素敵なところなのだろうと心が躍った。

ラベンダー畑や曲がりくねった道を抜けると、突然視界が開け、隆起した荒削りな白い石灰岩質の岩山と深い谷底に抱かれているような、小さな村の全景が目に入ってくる。思わず、そのダイナミックな奇観に目を見張り、心を奪われた。

デュカス氏も村の魅力を熱く語ってくれた。「初めてこの渓谷を訪れたとき、とても興奮しました。驚くべき自然の美しさ、渓流の力強い水音、野生の草木の匂い、鳥の鳴き声……。すべてが、私の五感を豊かに刺激してくれるのです」と。

住人700人ばかりの小さな村は、古色蒼然とした家の石壁や石畳に囲まれて落ち着いた佇まいだ。岩々の間を流れ落ちる激しい清流の音が村のあちらこちらで聞こえ、その一定のリズムが心地よい。石畳を歩き回ると、いたるところに小さな噴水や湧き水があり、緑が深く生い茂るこの村がいかに自然の恵みをたっぷり

パリからのアクセス

パリ・リヨンLyon駅からエクス・アン・プロヴァンスAix-en-Provence駅か、マルセイユMarseille駅まで、TGVで約3時間。ローカル線、あるいは列車に組み込まれた指定のバスAutocarに乗り換え、マノスク・グレウ・レ・バンManosque Gréoux-les-Bains駅まで1時間。そこからタクシーで約1時間。

享受して豊かであるかがわかる。しかも、これほど辺境の地にあっても、村には観光客があふれ、川沿いの中心地には陶器のショップや土産物屋が軒を連ねる。

　ムスティエ・サント・マリーは陶器の里としても名高い。ヴェルドン渓谷の清らかに澄んだ水と良質な土に恵まれているからだ。陶器製作の歴史は、村の記録では5世紀までさかのぼるらしいが、陶器の里としてフランス中に名を馳せたのは17世紀後半から18世紀にかけてで、ルイ14世の引き立てにより発展したという。

　デュカス氏の取材以来、この村に何度か訪れているが、村では必ず、ムスティエ焼の良い品がないかと探す。おすすめは、村の小さな広場にあるAtelier《アトリエ》 Bondil《ボンディル》という店。伝統的な手法でハンドメイドの陶器を作っていて、国家資格を持つオーナーの技術は見事だ。オーナーの娘さんがムスティエ焼について詳しく説明してくれた。ルイ14世からルイ16世の治下には、ムスティエ焼が王宮でも大人気だったそう。店内には花鳥風月や中国風の風景、紋章、気球などの柄があり、なめらかな風合いと繊細な手描きの陶器に、すっかり魅せられる。マリー・アントワネットが愛用したというバラの花柄の皿をひと目で気に入って、入手した。

　陶器探しが一段落したら、村をゆっくり散策。広場やメインストリートには多くの人がいるが、路地に入ると急に静かになる。ラベンダーやローズマリーなどの地元産のハーブを使ったオリジナルポプリや石鹸、香り豊かなオリーブオイルやジャムを作っている可愛い店などが散在し、お土産にあれこれ買いたくなる。

　澄み切った大気の中、心がおおらかになり、視線を遥か上方の尖った岩山に移すと、夕日に染まったセピア色の小さな礼拝堂が見えた。礼拝堂からは村全体が一望できるだろう。

旅のヒント

マノスクManosqueから、東へ車でD952を経由して、ムスティエ・サント・マリーへ。約1時間。マノスクからD907、D6を経由すれば、約30分のところに、ラベンダー畑で有名なヴァランソルValensoleがある。

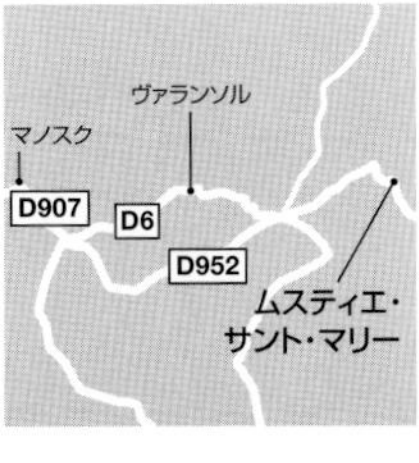

ドラマティックな
自然の美への憧憬

(上)夕陽に照り返る山肌の光景に見惚れて。(下)薄暮の中、天と地の境が鮮明に。

岩肌に溶け込む
古びた礼拝堂を望む

岩山の上方に建つノートルダム・ドゥ・ボーヴォワール礼拝堂。階段で上るのもひと苦労だ。まさに聖域だ。

素敵な店構えの陶器屋を覗く

村には、ムスティエ焼の陶器のアトリエが点在。センスのいい店を探して、じっくり品定めを楽しむ。この店はAtelier Bondil
住所：Place de l'Eglise
TEL：+33(0)4.92.74.67.02

(上左)伝統的な手法で作られた陶器を売る店、Bondilの店先には、可愛い陶器の植木鉢に花が飾られて。(上中)夕暮れのメランコリックな景色。(上右)蜂とオリーブの葉のモチーフが入ったムスティエ焼の皿。(中左)青で統一された民家の手すりも洒落ている。(中中)「犬に注意」と書かれた陶器のプレート。(中右)歳月を感じさせる民家の陶板の瓦。(下左)17～18世紀に隆盛を極めた伝統的なムスティエ焼の壺や小物入れ。薬草やハーブなどを入れる。(下右)シックな食器にひと目惚れ。モノトーンの縁どりで、モダンに仕上げている。

HÔTEL DE LUXE
★★★★

La Bastide de Moustiers

ラ・バスティード・ド・ムスティエ

アラン・デュカスが愛おしむ夢のオーベルジュ

ムスティエ・サント・マリーの村はずれに、アラン・デュカス氏が愛してやまないオーベルジュがある。デュカス氏が初めてオーベルジュを建てたのは１９９５年のこと。

「プロヴァンスをバイクで旅していたときに、オリーブの木とラベンダー畑が連なる美しいこの地で風情ある古い建物に出合い、すっかり惚れ込んでしまったんだ。最初は自分の家として購入し、世界中を旅したときに買ってきた美しいアート作品を飾る場にしようと思っていた。けれど地元の食材の豊かさに魅せられ、そのうちに自分でも菜園をつくり始めた。あまりの美味に驚き、採れたての野菜を使ったシンプルで上質な料理を出すレストランを開く計画を立てた。さらに、ゆったりと自然の中を散策したり、洗練されたインテリアに囲まれてくつろげる宿泊施設も併設した、理想のオーベルジュを建てようと決心したんだ」

デュカス氏は目を輝かせ、子どものような笑顔で夢中で語る。

18世紀の陶芸家の家を改装した建物の室内は、デュカス氏が長年かけて旅先で見つけてきたアンティークの調度品とプロヴァンスの家具が品良く組み合わされ、温かい空気に包まれている。13の客室は、ローズやミツバチといった素朴な自然にちなんだ名前がつけられ、ベッドルームには、庭で摘んできた季節の野花がさりげなく生けられている。宿の気遣いが心に響いてくる。

初夏なら、藤棚に覆われたテラスで過ごすのが気持ちがいい。あたり一面に糸杉やオリーブの木などが群生する雄大な風景が広がり、広大な丘がまるで大海原のように広がる。こんな景色に囲まれて心地よい風に吹かれながら、アペリティフのシャンパンをいただくなんて、最高の贅沢！　豊かな時間と空間に、旅の疲れがほぐされていく。

極上の宿と
ジャルダンで過ごす

４ヘクタールあるジャルダン（庭）には、菜園や果樹園、牧場があり、断崖の渓谷や美しい村が望める。

ホテルの魅力1 | デュカスの料理の真髄が味わえる1ツ星レストラン

旅支度を解いたら、広大なジャルダン(庭)へ。白バラのアーチをくぐり抜け、奥に進んでいくと、40種類ものトマトやハーブ類など約200種類の野菜が植えられた菜園がある。しばしばシェフがディナー用の野菜を収穫している光景に出くわす。厨房はオーベルジュの入り口脇にあり、頭上には磨き上げられた銅鍋が下がっている。何人もの料理人たちが真剣な面持ちで働く姿が見え隠れする。

お待ちかねのディナーは、夕日が沈みかける頃から。盛りつけも味わいも繊細な料理は、地産の仔羊あり、トリュフありで、時に濃厚に、時に軽やかにコースは進む。ここはデュカス氏の思いがいっぱい詰まった、宝石のようなオーベルジュだ。

(上左)南仏の明るい陽光にグラスが煌めく昼下がり。(上右)プロヴァンスの庭の野菜。(下左)ムスティエの菜園で採れた赤いフルーツのデザート。(下右)乳のみ牛のロティのココット。(料理の写真:©David Bordes)

レストランデータ
㊑12:00～14:00 19:30～21:00
ディナーコース€40～
レストラン休業日
11/1-3/4、3/5-4/9と10/14-12/23の定休=火曜、水曜
TEL :+33(0)4.92.70.47.47

夢のように華麗な
メインダイニング

世界の美食家をうならせる極上の味を供するレストラン。新鮮な自家製野菜を使ったシンプルな料理が大評判。

上質なバカンスを過ごす快適な部屋

プロヴァンスの素朴な家具に、オフホワイトのコットンリネンやレースをあしらったリラックスできるインテリア。

La Bastide de Moustiers

ホテルの魅力2 | ハーブや地元の食材に彩られたスローライフ

(上左)朝食は室内でも庭でも好きな場所で。自家製のパンやジャムが美味。

(下左)ハーブ園では、香り高いタイムやローズマリーなどを栽培。

(上中)スタッフが草花やハーブを庭で摘んで、客室に飾ってくれる。

(下中)とれたてのミニトマトも色とりどり。新鮮な酸味が口いっぱいに広がる。

(上右)菜園で、みずみずしい花ズッキーニを発見。南仏ならではの野菜に触れて。

(下右)色鮮やかな紫ブロッコリー。様々な野菜を栽培し、料理に取り入れる。

HOTEL DATA

パリ・リヨンLyon駅からTGVでマルセイユMarseille駅まで約3時間。ローカル線に乗り換え、マノスク・グレウ・レ・バンManosque-Gréoux-les-Bains駅まで1時間。そこから車でムスティエ・サント・マリーに向かい、カンソン通りChemin de Quinsonに入る。48km(タクシーはホテルで事前に予約が可能)。

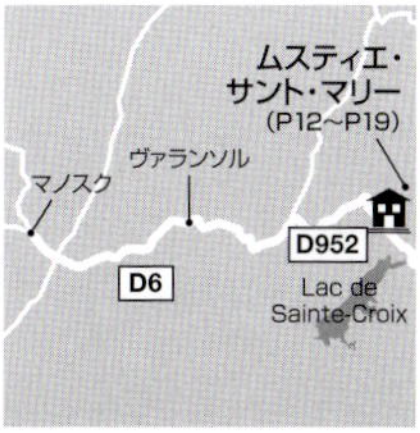

住所	Chemin de Quinson 04360 Moustiers-Sainte-Marie
TEL	+33(0)4.92.70.47.47
FAX	+33(0)4.92.70.47.48
URL	http://bastide-moustiers.com/
客室数	13室　一般客室11室／スイート2室
料金	一般€215~410　スイート€365~720 朝食€23

★ホテルの予約はP173参照

美しい村2 | ルシヨン

ROUSSILLON

天然のオークルで知られる
赤く燃ゆる村

かつて顔料に使用されるオークル（赤土）の採掘場として
栄えたルシヨン。プロヴァンスの奥座敷、
リュベロン地方にある色彩豊かな小さな村で過ごす。

南仏の光と影を意識する

（上）じりじりと照りつける太陽の光を浴びながら、村の高台にある教会を訪ねる。光と影のコントラストに驚く。

（下）真っ青な空のもと、ピーチオレンジや珊瑚《さんご》色、カナリアイエローなどに彩られた壁の家に魅了されて。

乾いた空気に
強烈な色彩が映える

青とオークルのコントラストに心弾ませながら、先に進むと突然眺望が開け、パノラミックな田園風景に息をのむ。

ROUSSILLON

太陽の光線に映し出されるオークルカラーに染まる村

ルシヨンを初めて訪れたとき、村全体が燃えるような赤色に染まっているのに驚いた。そのインパクトのある光景がいつまでも忘れられず、その後、何度訪れても、その燃える赤の印象は変わらない。ほかの地域ではまず見られないこの珍しい景観は、私の最もお気に入りのひとつになっている。

パリからは、ＴＧＶか飛行機でアヴィニョンに入る。そこから車でＤ９００を東に向かい、途中からＤ１４９を北上して約1時間で、ルシヨンに到達する。

プロヴァンスの奥座敷であるリュベロンの谷の北側にあるルシヨンの地質は、天然のオークル（赤土）だ。この鉱山から赤や黄色の顔料が作られ、18世紀後半に絵の具や塗料の産業が大いに発達したという。この産業に貢献したのが、村出身のジャン・エティエンヌ・アスティエである。彼は、オークルの砂に淡彩を施すアイデアを思いつき、赤や黄色のバリエーション豊かな顔料を生み出したという。

しかし、20世紀には、化学的原料で顔料を大量に生産する技術が発達。そのため、オークルの採掘は衰退の一途を辿ることになった。村の周辺には赤土の採掘で削り取られた荒々しい岩肌が生々しく残され、そこには往時の村の栄光が刻まれているかのようだ。

しかし意外な副産物とでも言おうか、村の家々の壁は漆喰《しっくい》に顔料を溶き混ぜたペンキで塗られ、黄みの深い燃えるような赤色や珊瑚色に染まった。今や村の鮮やかな景観そのものが大きな観光資源になって、村を支えている。

初夏のプロヴァンスに降り注ぐ太陽の光線は強烈に眩《まぶ》しく、ドラマティックな光と影を生む。光の効果を意識したかのような色壁は、大胆なほどカラフルで、太陽の動きととも

パリからのアクセス

パリ・リヨンLyon駅からTGVでアヴィニョンAvignon駅まで2時間40分。そこからルシヨンRoussillonまでは40km。アヴィニョンからアプトApt行きのバスで、ルシヨンで下車。

アヴィニョン駅問い合わせ
TEL：+33(0)4.90.82.07.35

に色調を変えていく。まるで魔法をかけられたような光景に、いつしかうっとりする。

　村の中心は丘の頂上にあり、17世紀に建てられたサン・ミッシェル教会の周辺は、ハイシーズンには観光客であふれかえる。だが、一歩細い路地に入れば、静かな迷路がくねくねと続き、そこで生活する人々の息遣いが聞こえてきそうな情緒のある佇まいが広がる。教会の北側に回れば、崖の上からヴァントゥー山やリュベロン山脈が見渡せ、地形的にも素晴らしい場所であることがわかる。

　村の中には、ギャラリーやカフェ、雑貨屋などが立ち並び、散策する楽しみは尽きない。路地に入ると、素朴な木製の買い物かごを売る店、無造作に束ねた香り高いラベンダーを売る露店、タイムやローズマリー、ナツメグなどを入れるハーブの缶などのプロヴァンスらしい雑貨を売るブロカント（古物店）など、多くの店が軒を連ねる。南仏気分が最高に盛り上がってくる。

　ふと木製のかごが欲しくなり、合わせて摘みたての鮮やかな紫色のラベンダーの束も買って、宿に持ち帰る。芳《かんば》しい香りが部屋いっぱいに広がる。こんなちょっとした工夫で旅の充実感がどれほど増していくことか。木製のかごを手に散歩するだけで、地元っ子気分に浸れる。ラベンダーをホテルの部屋に飾れば、爽やかな香りに包まれて、その沈静効果によって、ぐっすりと眠れることだろう。

　歩き疲れたら、村役場の前にあるカフェに入り、特等席のテラス席に陣取る。ここからは、村を囲むこの地方特有のアレッポ松やフランス海岸松、ヨーロッパ赤松などの松林が眺められる。目の醒めるような真っ青な空のもとでは、運ばれてきたごく普通のエスプレッソが、やけにおいしく感じられた。

旅のヒント

アヴィニョンから車では、N7からD900に入り、D149を北上してルシヨンへ。所要時間約1時間。ルシヨンからゴルドGordes（P34）まではD102およびD2でわずか10kmなので、併せて訪れたい。所要時間約15分。

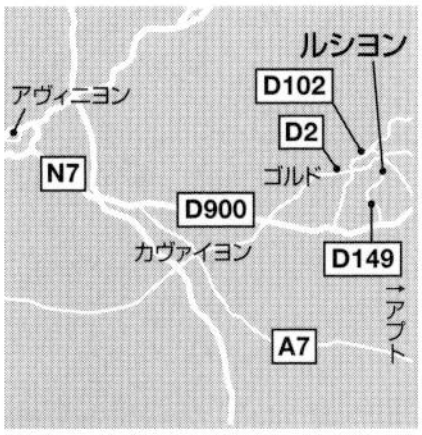

プロヴァンス暮らしに欠かせないハーブや雑貨

（上左）ブロカントの赤壁に飾られていたハーブ入れ。タイムやミュスカデなど可愛い文字入り。

（上右）大きく削り出された岩肌は赤や黄土色の壁面が浮き彫りにされ、これもまた芸術的なオブジェのよう。

（下左）近くのラベンダー畑で摘み、束にして売っているラベンダーの花。優しい香りがして、癒やし効果大。

（下右）ハンドメイドの素朴な柳を編んだかごがたくさん販売されている。買い物かごや雑貨入れに利用。

路地裏を
垣間見て

村の一歩奥に回れば、昔も今も変わらない風情が濃厚に。夏の光が木陰をつくっている。

美しい村3 | ゴルド

GORDES

鷲の巣村の代表格、
幻想的な天空の城

ヴォクリューズ県のリュベロン地域圏自然公園の中にある鷲《わし》の巣村のゴルド。まるで天空に浮かぶ城のような佇まいに魅了される。

迫力ある鷲の巣村、
ゴルドの朝焼け

早朝のゴルドの神秘的な眺め。朝もやのかかったカヴァイヨン平野と鷲の巣村のゴルドの一日が始まる。

美しい村3 | ゴルド

GORDES

南仏の穏やかな気候に包まれた、岩山の頂にある鷲の巣村

初めて「鷲の巣村」のゴルドを見たときの衝撃はすさまじかった。まるで天空に浮かぶ大きな城のようで、幻想的なその景観に呆然とし、しばらくそこに立ちすくんだ。

パリからＴＧＶに乗りアヴィニョン駅で下車し、Ｄ９００を東に向かう。途中、クストゥレの街の手前でＤ15（通称ゴルド道路）を北上し、ヴォクリューズ山地の南側の山道をどんどん上がっていく。そのカーブの途中で急に前が開け、ゴルドの村の全体と麓《ふもと》の平野が出現するのだ。村の頂にはいかめしいシャトーがそびえたち、それをぐるりと囲むように、民家が階段上に建てられている。下界と切り離された桃源郷のような村の佇まいに圧倒された。

ゴルドの歴史をひもとくと、すでにガロ・ロマンの時代には砦《とりで》が造られ、11世紀にはゴルドの頂に城が建造された。徐々に人々が増え、やがて鷲の巣村が形成された。14世紀には城壁が巡らされ、外部からの攻撃や宗教戦争に備えつつ、村は繁栄と激動の時代を繰り返してきた。近年では、１９０９年には地震の、１９４４年にはドイツ軍による空爆の被害を受けるなどして、一時は村が無人状態になったこともあるという。

ユダヤ人の画家、マルク・シャガールがナチスの迫害から逃れるためにパリを離れ南仏を訪れた際、ゴルドの美しい村にすっかり魅せられ、この地に希望を見いだして住んでいたことを知った。シャガールが妻のベラとともにゴルドに移り住んだのは１９４０年、第二次世界大戦が激化し、ドイツ軍がパリを占領した直後だった。シャガールは、隠れ家に息をひそめて住み、時折散歩に出ては豊かな自然に慰められ、安らぎを得ていたという。そんな時代と変わらない自然が目の前に広がっていると思うと、何とも言えない気持ちになる。

パリからのアクセス

パリ・リヨンLyon駅からTGVでアヴィニョンAvignon駅まで2時間40分。駅からバスでカヴァイヨンCavaillonまで行き、ゴルドGordes行きに乗り換えて、ゴルド終点下車。約35分。

村に入ると、シャトーの横の広場に、パラソルを広げたレストランがあり、夏の暑い日差しの中でも、日陰に入ると不思議に心地よい風が抜けていく。よく冷えたロゼワインを飲みながら、生ハムや熟した赤いトマトが入ったプロヴァンス風のサラダを食べるだけで、陽気な気分になってくる。

　ランチがすんだら、村をぶらぶら散策。不揃いでいびつな石が敷き詰められた、ガタガタの坂道を歩く。昼下がりの蜂蜜色に染まった村は、いにしえの時代を彷彿とさせ、村人が丹念に造り上げてきた石畳や石垣は、長い歴史を感じさせる。

　ハイシーズンには、蜂蜜専門店で風味豊かな蜂蜜を選んだり、薄い紫のラベンダーの石鹸やボンボンを入手したりと、地元ならではの品を見つけるのが楽しくてしようがない。

　さらに歩くと、ちょっと洒落たプロヴァンス・スタイルの白やパールグレーの食器や雑貨のショップがある。ほかにも、ひなびた田舎風ながら洗練されたレースや刺繍が入ったリネンを扱うブティックなどもあり、その組み合わせのバランス加減が心憎く、旅人の心をくすぐる。

　ゴルドは村自体も魅力的だが、さらに、大きなおまけがついている。

　ゴルドの村の近く、ヴナスク方面に約4キロのところには、12世紀に建てられたシトー派の有名な修道院、セナンク修道院がある。7月には修道僧が育てる美しいラベンダーが咲き乱れ、その見事な景観は世界的にも知られる。渓谷の底にひっそりと建てられた修道院とラベンダー畑のコントラストは絵のように美しく、何度見ても感動的な眺めだ。

　ラベンダーが満開になるのは2週間ほどなので、これを見られのは、奇跡に近い幸せなのではないかとさえ思う。目にした光景を、しっかりと脳裏に刻みつけた。

旅のヒント

アヴィニョンから車で、N7を経由してD900を東に向かい、クストゥレCoustelletの街の手前でD15(通称ゴルド道路)に入って北上し、所要時間約50分。

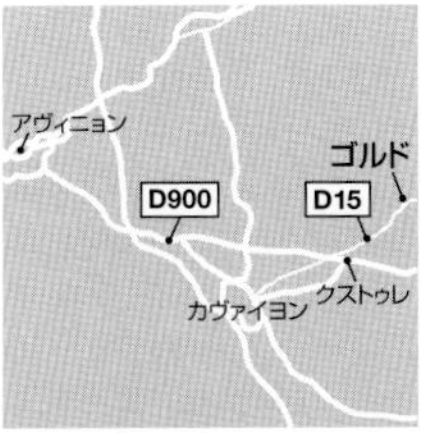

ゴルドから見下ろす
緑の大海原に感嘆

ヴォクリューズ山地に位置する
村の高台からは、リュベロンの
山や民家の建つ平野が見渡せる。

いにしえの人々が造った石畳を歩く

ごつごつした石畳の坂道を気ままに歩く。じりじり照りつける太陽を感じながら、南仏の夏休みを謳歌。

(上左)アースカラーのリネンやバッグを売る雑貨店もセンスがいい。(上中)ラベンダーの石鹸やエッセンシャルオイルは香りがよく、ぜひ手に入れたいもの。(上右)地元で作られた黄金色の蜂蜜は濃厚な味。(中左)天然のラベンダーのボンボン。口の中で花の香りが広がる。(中中)サン・フィルマン教会の鐘は村のシンボル。(中右)生ハムとシェーヴルのチーズが入ったサラダ。ロゼワインを合わせて。(下左)レストランの黒板メニュの下で寝そべっていた犬は、シエスタの時間。(下右)乳白色の洒落た食器に目を奪われる。

村の中心の広場で
のんびりランチタイム

シャトーの横の広場にはオープンカフェがあり、木陰でランチ。ゆるりとした時間が流れていく。

HÔTEL DE LUXE
★★★★★

Les Bories & Spa

レ・ボリー&スパ

美食&スパが楽しめる優雅なオーベルジュ

ゴルドの村を訪れるときに、ぜひ泊まりたいのがこのレ・ボリー&スパ。ゴルドの村とセナンク修道院のそばにあるリュクスなオーベルジュだ。レ・ボリーとは、昔からこの地に伝承されてきた石を積み重ねる建築様式。このあたり一帯に、この伝統的な様式で建てられた民家が点在し、美しい村の佇まいを見せている。

ホテルは7ヘクタールの広大な敷地にオリーブやヒノキ、樫《かし》の木など様々な木が植えられ、ラベンダーの季節はことに美しい風景が楽しめる。1ツ星のレストラン、2つのプール、充実したスパを持ち、モダンな施設と自然が見事に調和した空間だ。客室もゆったりしたスペースがあり、白を基調としたインテリアは清潔感にあふれ、プロヴァンスの煌めく光に明るく映える。

ここではまず、スパでトリートメントを試したい。屋内プールは全面ガラス張りで、リュベロンの山が見渡せ、すっかり癒やしのモードに。アロマテラピーとアルビュテラピー（白色をベースとして心を鎮静させるカラーテラピーの一種）の療法を取り入れ、ゲストの心を平穏に導くというコンセプトは素敵だ。ラベンダーやバラなど約20種類のマッサージ・オイルの中から、自分の好きな香りを選び、ハンド・マッサージに身をゆだねる。まさに旅の疲れが癒やされる至福の時間だ。

夜は、このホテルのもうひとつの魅力であるミシュラン1ツ星のレストランで食事をいただく。レ・ボリー様式のインテリア・デザインは風情があり、夏場ならオリーブや樫の木の下のテラス席でとる食事が格別だ。料理はオマールや仔羊の背肉、仔ウサギのローストなど、新鮮な素材をごくシンプルにアレンジしたガストロノミー。盛りつけも絵のように美しく、芳潤なプロヴァンスの食材を、目でも舌でも楽しみたい。

素朴なレ・ボリー風
建築のレストラン

昔からある建築物をリスペクトし、メインダイニングに改装。1ツ星レストランとして名高い。

(上左)真っ白な客室に映える色鮮やかなミニブーケが飾られて。(上中)レストランにセッティングされた磨き抜かれたワイングラスに、オリーブの枝のあしらいが彩りを添えて。(上右)イニシャル入りのアンティーク·リネンが使用されていたサロンの椅子。(中左)ピュアで清潔感の漂うベッドルーム。(中中)オマール海老の前菜。フレッシュな野菜をアレンジ。(中右)バーコーナーでは、いつでもお茶やシャンパンを楽しめる。(下左)ルイ王朝スタイルの椅子もストライプのファブリックでモダンな印象。(下右)メインディッシュの仔羊のローストハーブ風味は、ジューシーな味わいを野菜と共に楽しむ。

白でまとめた
心落ち着く空間

ピュアな白ややわらかなベージュでまとめられたサロン。澄み切った光が映える優しい空間に、身も心も浄化されて。

大きな空とリュベロンの景色を独り占め

青い空とリュベロンの深い緑の山に囲まれた贅沢なプール。昼寝をしたり読書したりと至福の時。

ホテルの魅力 | キラキラ煌めく光の中で、心身をリフレッシュするスパ

スパデータ
㊖月曜9時30分～12時30分、13時30分～18時30分　火曜～土曜9時30分～12時30分、14時30分～19時30分、日曜9時30分～13時30分
入場料€15　アロママッサージ€75(25分)～

(左)トリートメントルームでは、エッセンシャルオイルによる数々のマッサージが受けられる。

(右)ハイドロテラピー(水療法)を取り入れたケアで、みずみずしい肌を取り戻す。

HOTEL DATA

ゴルドGordesの中心から程近いD102を少し入った場所にある。ゴルドにはパリ・リヨンLyon駅からTGVでアヴィニョンAvignon駅まで2時間40分(P35)。そこからタクシーで27km。

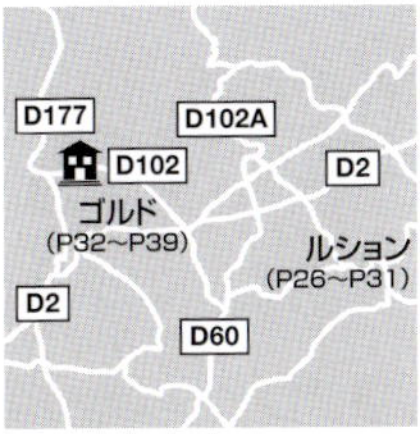

住所	Route de l'Abbaye de Senanque 84220 Gordes
TEL	+33 (0) 4.90.72.00.51
FAX	+33 (0) 4.90.72.01.22
URL	http://www.hotellesbories.com/
客室数	35室　一般客室33室／スイート2室
料金	一般€295～520　スイート€560～850 朝食€23

★ホテルの予約はP173参照

美しい村4 | レ・ボー・ド・プロヴァンス

LES BAUX-DE-PROVENCE

栄枯盛衰は世の習い。
レ・ボー一族の夢の跡

中世に、南仏で一大勢力を誇った
レ・ボー一族によって築かれた難攻不落の岩の城砦《じょうさい》。
伝説の白い岩村を訪れ、昔の面影を求めて廃墟を巡る。

廃墟を前に、いにしえを想う

山道の途中からでも、そびえたつ白い岩山と切り立った岩肌の異様な姿が一望できる。まるで別次元の世界のよう。

LES BAUX-DE-PROVENCE

石灰岩の岩山に築かれた城塞跡の村

リュベロンの西、アルピーユ山脈の中ほどにあるレ・ボー・ド・プロヴァンスは、プロヴァンスに数ある美しい村の中でも、特別異彩を放っている。というのも、村は遠くから眺めると石灰岩の白い岩山がごつごつと連なり、なにやら異様な廃墟のような様相を見せているのだ。村に近づくと、茫漠とした景色が心に沁みる。この世の果てに来てしまったかのような不思議な感情に陥るのは、おそらく私だけではないだろう。

10〜15世紀には、南仏の約80の街や村を支配下に収めていたレ・ボー一族が権勢を振るった居城があり、宮廷文化が花開いた地でもあった。やがて、敬虔なカソリックだった一族の力が衰え、いつしかプロテスタントの砦となり、1632年、ルイ13世の命により破壊された。だが村は、栄華を極め衰退していった一族の面影を色濃く残していた。

そして今では、この風変わりな景観が伝説の岩村として観光スポットとなり、フランスではモン・サン・ミッシェル、ゴルドに次いで、年間の観光客が多い地となった。何が幸いするかわからないものである。

村の入り口から、石畳の細いメインストリートに入ると、通りの両脇にはプロヴァンスの名産の陶器やオリーブオイル、ハーブを売る土産物店やレストランが軒を連ねている。

それにしても、なんと観光客の多いことだろう！　取材時は、「中世のボー」というお祭りイベントを開催中で、中世の衣装を身に着けた人々が歩いているのが印象的だった。村には、ロマネスク様式のサン・ヴァンサン教会や16世紀の版画家、ルイ・ジューの財団などがある。

坂道を上るとその先に、城砦の廃墟があり、その上から地獄谷と呼ばれる石灰質の白い谷を一望できる。乾いた風を肌に感じながら、昔の栄華を偲び、無常を思った。

パリからのアクセス & 旅のヒント

車で、アヴィニョンからサン・レミ・ド・プロヴァンス方面に向かい、D570N経由で約45分。このほか、交通状況によって、いくつか別のルートで行く方法があるので、事前にルートマップで確認したい。

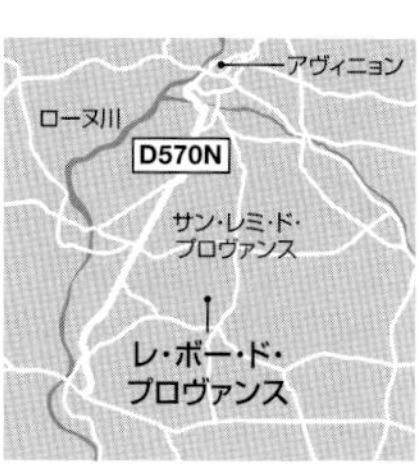

パリ・リヨンLyon駅からアヴィニョンAvignon駅まで、TGVで約2時間45分。そこから車でサン・レミ・ド・プロヴァンスSaint-Rémy-de-Provence方面に向かい、D570N経由で約45分。
レ・ボーLes Bauxのタクシー Laurent Delepierre
問い合わせ　TEL：+33(0)6.80.27.60.92
TEL：+33(0)4.90.54.55.62
注）バスは期間限定で、サン・レミ・ド・プロヴァンスから出ているものがある。

(上左)レ・ボーの家紋の入った旗がひるがえるメインストリート。一年を通して数多くの観光客が訪れる。(上中)通りの店で購入したプロヴァンス産のハーブ。料理に使用すると風味豊かに。お土産に最適だ。(上右)中世の騎士と馬が彫られたプレート。(中左)現在は村役場として使用されているマンヴィル館。(中中)村に向かう途中、切り立つ断崖に張りつくような家々を見て息をのむ。(中右)中世風の堅牢なドア。(下左)デューラーやゴヤの作品が展示されたルイ・ジュー財団の美術館も必見。(下右)カフェで道行く人々を見ている猫。

HÔTEL DE LUXE ★★★★

Mas de l'Oulivié

マス・ド・ルリヴィエ

伝説の村を望む、オリーブ畑の真ん中にあるペザント風ホテル

レ・ボー・ド・プロヴァンスの村から車で約2キロの山の麓に、広大なガーデンと屋外プールから、レ・ボー・ド・プロヴァンスを仰ぎ見ることができる素晴らしいホテルがある。Mas《マス》というのは、プロヴァンス地方の伝統的様式にならった農家のこと。マスと名のつくホテルに、風情のある田舎家を想像し、期待に胸を膨らませて向かった。

オーナー夫婦は共に弁護士で、プロヴァンスの暮らしに憧れて、この地にホテルを開いたという。

「このあたりは、アルピーユ地方自然公園の中にあり、人々が貴重な自然景観を保護しながら暮らしていることに共感したのです」と、マダムが目を輝かせながら話してくれた。

地中海風のガーデンには、周りに岩をあしらったプールがあり、レ・ボーの城砦が借景となり、雄大な眺めだ。ガーデンには、ラベンダーやローズマリー、セージなど約120種類の草花が植えられている。時折やってくる南仏特有のミストラルが静けさを打ち破るほかは、うらやましいほど恵まれた自然環境にあった。

ホテルの建物は地元の白い石を使った平屋の造りで、周りを1ヘクタールのオリーブ畑に囲まれている。ここで育ったオリーブを収穫し、AOC(原産地統制呼称)の自家製オリーブオイルを作っているそうだ。

室内は黄色や赤などカラフルな色彩を取り入れ、プロヴァンス風の軽快なインテリアに仕上げられている。ベッドルームやバスルームの窓からオリーブの木々が見え、その青々とした緑の気配が気持ちを和ませてくれる。

さっそく淡いブルーグレーの鎧戸《よろいど》が素敵なテラスで、ランチタイムを楽しむ。冷たいガスパチョや黄色の花ズッキーニのファルシなど食欲をそそるメニューと、地元のロゼワインで、幸せな気分に浸った。

レ・ボーの村が見えるプールサイド

オリーブの木や椰子の木に囲まれた静かなプールサイドで午睡。レ・ボーの歴史に思いを馳せて。

げる空間。ベッドヘッドやランプスタンドがロマンティック。

Mas de l'Oulivié

ホテルの魅力 | オリーブの木に癒やされるナチュラルライフ

(上左)艶やかな実をつけるオリーブの木。地元自慢の良質のオイルができる。

(下左)朝食はテラスで。フレッシュなジュースやフルーツでビタミン補給して。

(上中)夏の光線がベッドルームいっぱいに降り注ぐ、心地よい休日。

(下中)窓からオリーブの梢《こずえ》が眺められるバスルーム。目に優しく、心も緩んで。

(上右)ホテルの背後に、レ・ボー・ド・プロヴァンスの村が見える。

(下右)夜になったら、エレガントなサロンでハーブティーを飲みながら読書三昧。

HOTEL DATA

パリ・リヨンLyon駅からTGVでアヴィニョンAvignon駅まで約2時間45分。アヴィニョンから車で、D570Nをアルル Arles方面に向かい、D33A経由でD17に入り、モサーヌ／レ・ボー Maussane / les Baux方面へ。レ・ボーの2㎞手前。所要時間約40分。

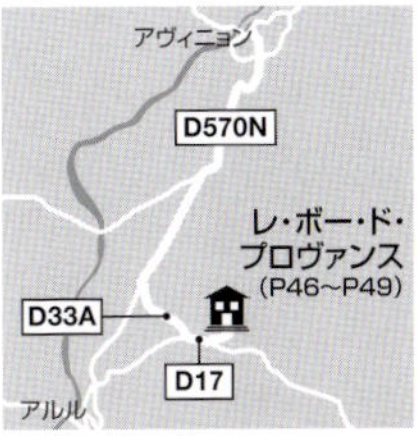

住所	Les Arcoules 13520 Les Baux-de-Provence
TEL	+33 (0) 4.90.54.35.78
FAX	+33 (0) 4.90.54.44.31
URL	http://www.masdeloulivie.com
客室数	27室　一般客室25室／スイート2室
料金	一般€150～340　スイート€530　朝食€17

注)ディナーのサービスはやっていない。

★ホテルの予約はP173参照

Côte d'Azur

コート・ダジュール（紺碧海岸）は、エメラルドグリーンの海と
まばゆい光に満ちた美しい地中海沿岸のリゾート。
沿岸から少し奥まったイタリア国境近くの山の村、サンタニエスと
日時計の村、コアラーズを訪ねる。

コート・ダジュールの
ロマンティックな山の村を巡る

美しい村5 | サンタニエス

SAINTE-AGNÈS

海と山のパワーを秘めた
標高800mの山の村

マントン湾やロクブリュヌ・カップ・マルタン、瑠璃色に染まる地中海が
パノラミックに見渡せる山間部の村を散策。
イタリアとの国境近くの要塞や城跡を訪ねる。

SAINTE-AGNÈS

美しい地中海沿岸を見晴らせる山の中に潜む村

フランスの最南東、イタリアとの国境近くに、サンタニエスという村がある。言い伝えによると、古代ローマの王女、アニエスが旅の途中に嵐に遭い、この村の洞窟に避難し、守護神の礼拝堂を造っていったというのが、村の名前の由来のようだ。標高800メートルの山の上にあり、地中海沿岸部の村では、ヨーロッパ一高いところにある。

マントンから車で約11キロ、険しい山道をくねくね、延々と上っていく。山道では、途中から眼下に瑠璃色の地中海、上方の山の中腹に教会の三角屋根が見える。さらにずっと上方には古い城跡が望め、この天と地のコントラストに驚かされた。

村はローマ時代にすでに要塞が造られ、12世紀にサヴォワ家が城を建てた。そして、1932〜38年にはイタリアとの国境を守る南の要塞になっていたという。

静けさの漂う村に入ると、迷路のように入り組んだ石段やごつごつとした石造りの壁が続き、赤や白の小花が咲き乱れて、全体がプロムナードのような趣にあふれている。澄んだ山の空気とかすかに香る花の匂いで、不思議とのんびりした気分になった。

「パノラマのテラスあり」という看板に惹かれて、村で一番活気がありそうなレストラン「Le《ル》 Logis《ロジ》 Sarrasin《サラザン》」に入った。テラスからは向かい側に高い山脈の全景が見渡せ、爽快な気分になる。サービス係の男性が、「この村は海と山が同時に味わえるのが魅力だよ」と、自慢気に声をかけてくれた。

料理は、ウサギのハーブ風味やホロホロ鳥のシャンピニオン・ソースが特においしく、都会では考えられないほどの安さに驚く。サントロペ産のフルーティな赤ワインの酔いが、ほんのりまわる。春の優しい光と風の中で、心身にパワーがみなぎった。

パリからのアクセス & 旅のヒント

パリから飛行機でニース・コート・ダジュールNice Côte D'azur国際空港まで、約1時間25分。あるいは、パリ・リヨン駅からニース・ヴィルNice-Ville駅まで、TGVで約5時間50分。ニースから車で、A8でマントン方面に向かい、59番出口で出て、D22（Route de l'Armée des Alpes）の山道を行く。所要時間50分。

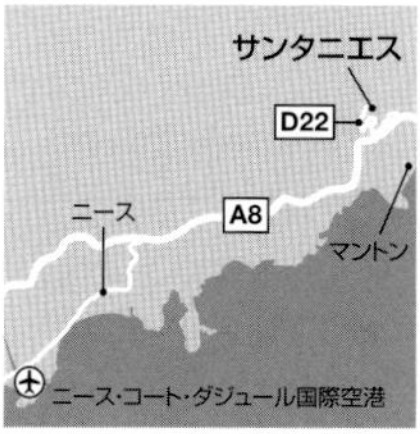

パリ・リヨンLyon駅からマントンMenton駅まで、TGVと在来線TERで約6時間40分。そこから車で約11km。バスはZEST BUSの10番Ligne 10で。本数は季節とバカンス時期によって変わるが、通常は月〜土曜で日に6本、日曜・祝日で日に4本出ている。http://www.zestbus.fr/Pratique/Lignes-et-horaires

(上左)ノートルダム・デ・ネージュ教会の鐘は、村のシンボル。(上中)でこぼこした長い石段を上り下りしながら、村を散策。(上右)ひっそり静まり返った店先も、色づいた樹木で鮮やかに。(中左)レストランLe Logis Sarrasinで食べたウサギの煮込み料理。柔らかくて美味。(中中)石造りの壁に赤茶の鎧戸の建物は、村役場。(中右)12世紀頃に建設された村。背後に渓谷が控えている。(下左)レストランの入り口。テラスから渓谷のワイルドな景色が眺められるのが魅力。(下右)ステンドグラスのアトリエ。優しい色使いが淡い光に映えて。

美しい村6｜コアラーズ

COARAZE

アートな日時計に出合う村

ニースから車で北上した山の上の村は、
太陽が燦々と降り注ぐ「太陽の村」。
ジャン・コクトーらが作った日時計が、
旅人を待っていてくれる。

糸杉やオリーブ、樫の木が茂るコアラーズは、ニースから車で25キロ北上した山の頂にある「鷲の巣村」だ。標高650メートルの村は、周りに遮るものがなく、太陽を燦々《さんさん》と浴びるような地形にあり、「太陽の村」と称されている。コアラーズは名前の響きこそ愛らしいが、プロヴァンス語で「切れた尻尾」という意味で、村の紋章も尻尾の切れたトカゲがモチーフだ。

2時間で歩いて回れるくらい小さな村で、狭い路地やアーチを抜けていくと、水色や若草色、ピンクといったパステルトーンの家壁が美しい。ゼラニウムやジャスミン、バラの花が咲き乱れ、南国的な明るいセンスの良さが感じられる。

そして何よりこの村を有名にしているのは、著名なアーティストたちが作った日時計だ。これは、1953年に当時の市長がジャン・コクトーをはじめとする著名アーティスト達に依頼して作られたもので、市役所のファサードにはコクトー作の鮮やかな日時計、「トカゲ」が掛けられていた。ほかにも市役所の壁には、サッシャ・ソスノ作やジョルジュ・ドゥーキン作のユニークで色彩豊かな日時計が、競い合うかのように飾られていた。こうなると日時計巡りが楽しくなり、教会前の広場や民家の壁にある日時計を探し歩いた。

それにしても、アーティストが好んで訪れた村にしては、気の利いたカフェやブティックがあるわけではない。こうした俗世間から逃れたような秘めやかな空気感、村の静寂な風情が平和な日々をつくり上げているのかもしれない。そんなことを考えながら散策していると、村を闊歩する子猫と目があったり……。コクトーが詩集で書いた、太陽を礼讃する女神が微笑んでいるような、そんな気配に心をくすぐられた一日だった。

パリからのアクセス & 旅のヒント

ニースから車で、ラ・トリニテLa Trinitéに向かい、ラ・トリニテを過ぎたら、D2204に入る。ロータリーでD15に入り、ルート・デュ・プラン・ドゥ・リネアRoute du plan de Lineaを進む。所要時間40分。

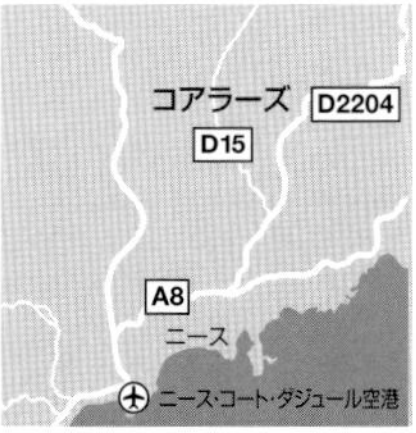

パリ・リヨンLyon駅からTGVでニースヴィルNice-Ville駅まで5時間40分。そこから北へ25km。ニースからTAM303番のバスで、約1時間。バスの本数は少ないので、事前にチェックを。

オリーブ林に囲まれた
「太陽の村」

パイヨン渓谷の丘のひとつにつくられた中世の村。かつて、ケルト人やローマ人が住んでいた地を歩く。

ユーモラスな日時計を訪ねて村中を散歩する

(P61上左)青と黄色のコントラストが鮮やかなソスノの日時計。2008年に新たに作られ、シャトーの壁に。

(P61上右)1961年に市役所の正面に掛けられたコクトーの日時計。村のシンボル、トカゲがモチーフ。

(P61下左)アンリ・ベルナール・ゴエツ作「ニシキヘビと緑と金の王冠」は、教会前の広場に飾られている。

(P61下右)市役所の壁にあるモナ・クリスティ作「時の騎行」。白馬が駆け巡るさまが巧みに描かれている。

(上)アーチをくぐって細い路地を抜け、迷路のような村をそぞろ歩く。何かに出合えることを期待して……。

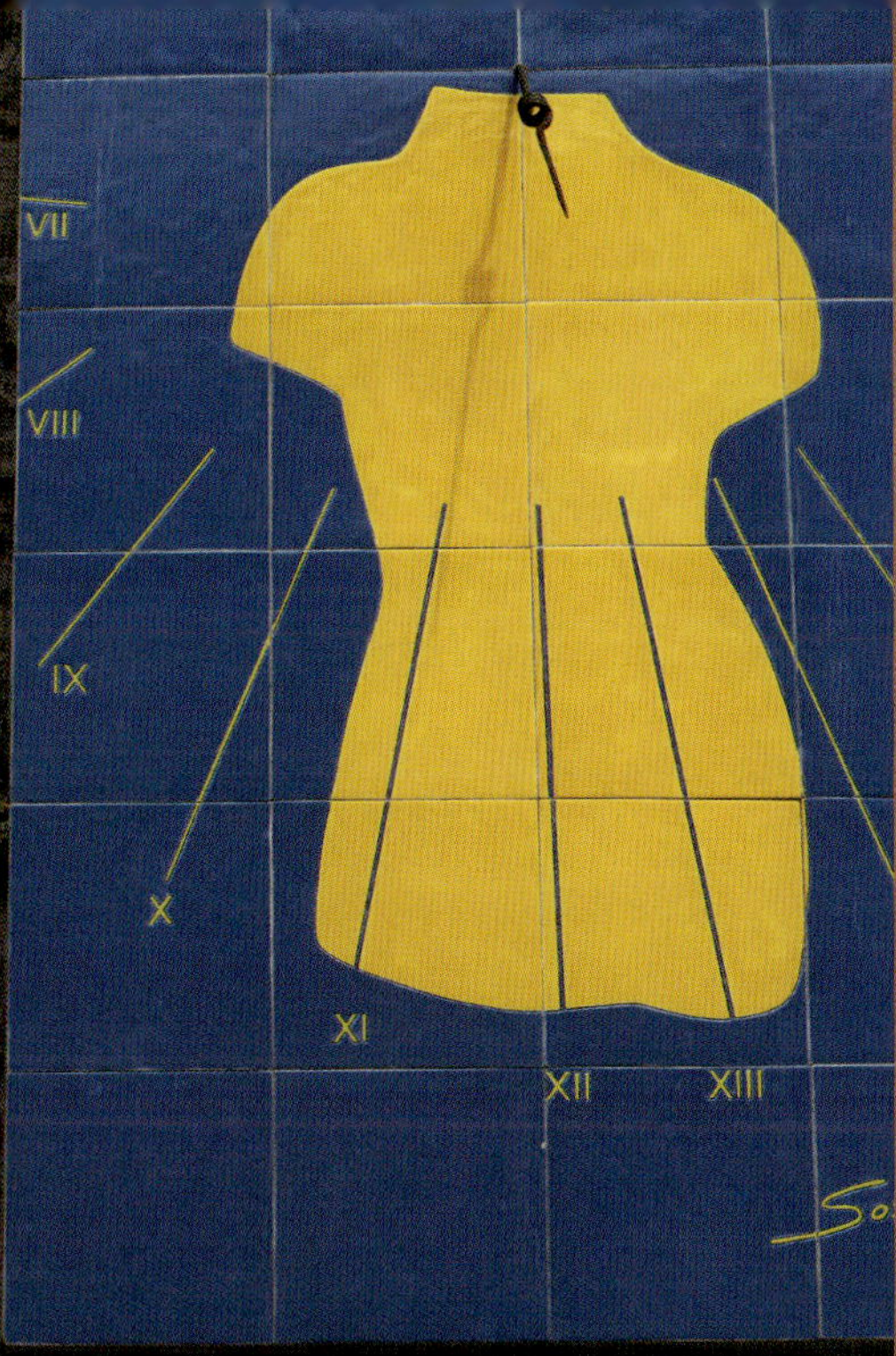
VII
VIII
IX
X
XI
XII
XIII

Jean Cocteau

goetz

Auberge de la Madone

オーベルジュ・ド・ラ・マドンヌ

神秘的な美しい村に佇む隠れ家オーベルジュ

サンタニエスとコアラーズという2つの美しい村の中間に位置するペイヨン。その村の入り口に、親子2代のシェフが腕をふるう、とっておきの隠れ家オーベルジュがある。ニースから車で30分、深い山道を上っていくと、鬱蒼《うっそう》とした木々の間から、遥か遠く山の断崖絶壁に突き出た神秘的な鷲の巣村が見え隠れする。ここはまだ「フランスの最も美しい村」に認定されていないが、この村こそ、そのコンセプトに最もふさわしいのではないかと、ぞくぞくした気持ちで目指した。

村の麓にある「オーベルジュ・ド・ラ・マドンヌ」は、創業が1870年で、ミヨ・ファミリーが代々経営してきた。ドアを開けると、時代を感じさせる家具や、祖母や伯母から譲り受けた柱時計、もとは近くの教会にあったオルガンなど、様々なアンティークが飾られ、まるで家そのものがそれらの思い出に守られているような温もりを感じる。

オーナーのクリスチャン・ミヨ氏と息子のトマ・ミヨ氏は共にシェフとして、このオーベルジュをもり立てている。父はカンヌやモナコの有名レストランで、トマはモナコの3ツ星レストラン「ルイ・キャーンズ」などの超一流店で修業をした実力派だ。キッチンに案内してもらうと、古めかしい館内とは対照的な、超モダンなオープンキッチンがあるのに驚く。こんな山奥といえ、実はミシュラン1ツ星を獲得しているレストランなのだ。ふたりのシェフが料理にかける意気込みは並々ならない。

調理台にはよく熟した赤や黄色のトマト、紫やグリーンのハーブ、黄色い花のズッキーニ、黄金色のオリーブオイルが並べられ、素材を眺めているだけで、〝おいしい気分〟になってくる。

「今夜は腕によりをかけますぞ」と張り切るお父さんシェフが頼もしい。

素朴で温かなインテリアが
家族の歴史を感じさせる

室内は風格の中にも天然木の素朴な味わいが感じられるインテリア。中庭のテラス席は、自然に囲まれた開放的な造り。どちらも居心地がよく、ほっとする。

ホテルの魅力1 | 親子シェフの饗宴《きょうえん》、1ツ星レストラン

(上左)親子のオーナーシェフ。右がクリスチャン・ミヨ氏、左が息子のトマ・ミヨ氏。(上右)仔羊の骨付きロースト。タイムの花添え。(下左)ホワイトチーズ・ケーキ、イチジク添え。(下右)地元で採れる野菜やハーブをたっぷり使用。

2階の客室でドレスアップして、階下のレストランに下りていく。「今夜は、うちのスペシャリテのフォアグラのグリエと、仔羊のローストをどうぞ！」レストランのメートル（給仕長）が、自信に満ちた笑顔で料理を運んでくる。新鮮なフォアグラは微妙な火加減で、絶妙な柔らかさに仕上げている。口に含んだとたんに舌の上で溶ける甘いフォアグラに、心までもとろけそう！ パイ皮との食感のコントラストも抜群だ。仔羊はタイムを添えてシンプルにローストされ、柔らかな歯ごたえが心地よい。どれも伝統的で王道な料理だがソースはいたって軽やかで、盛りつけもモダンに仕上げている。

老練な父と現代感覚の息子の強い絆を、皿の上に感じた。

名料理人が作る
心温まる伝統料理

このレストランの人気料理、フォアグラのエスカロップのグリエ、ハーブのパイ包み。ぜひ味わってみたい。

幻想的な村、
ペイヨンを散策

まるで非現実の世界にあるような佇まいの村、ペイヨン。ひっそりした崖の上の村を望む。

ホテルの魅力2 ｜ 家族代々のもてなしの心が伝わる宿でくつろぐ

(上左)もとは近くの教会にあったという古いオルガンが、物語を奏でてくれそう。

(下左)ロマンティックなセッティング。カップルでゆっくりディナーを楽しむ。

(上中)黄色の野花が咲き乱れるテラスから、神秘的な村を仰ぎ見る。

(下中)エントランスに飾られていた大きな古時計。数々のゲストをお迎えして。

(上右)エントランス横のサロン。代々伝わる骨董の品々がさりげなく飾られて。

(下右)オフホワイトのリネンでまとめられたシンプルな部屋でくつろぐ。

HOTEL DATA

パリからのアクセス

パリ・リヨンLyon駅からニース・ヴィルNice-Ville駅までTGVで5時間40分。ニース駅でTERに乗り換えて20分。ニースから車でラ・トリニテLa Trinitéに向かい、D2204に入る。D21経由で、ル・ムーランLes Moulins、ルート・ド・ヴュー・ヴィラージュRoute du Vieux Villageに進む。

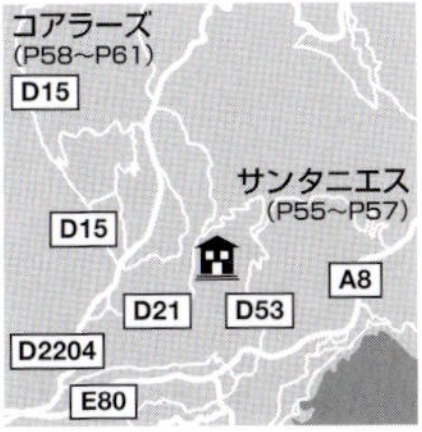

住所	3, place Auguste Arnulf 06440 Peillon
TEL	+33 (0) 4.93.79.91.17
FAX	+33 (0) 4.93.79.99.36
URL	http://www.auberge-madone-peillon.com/
客室数	17室　一般客室14室／スイート3室
料金	一般€110～185　スイート€235～330 朝食€14、€20(2種類あり)
最寄り駅	Peillon Sainte Thecle 駅

Corse

パリから飛行機で1時間半、地中海の島コルシカ。
ナポレオンの生地として知られ、青く透き通った海と
深い緑の山々は、フランス人にとっても憧れの地だ。
入り江の絶景で名高いピアナと、
岩山の城砦の城サンタントニノを訪ねる。

地中海の宝石、コルシカ島で、世界自然遺産の地を訪れる

美しい村 7 | ピアナ

PIANA

手つかずの自然の
原風景が残る秘境へ

コルシカ島の北西部のポルト湾一帯に広がる自然遺産、
ピアナの「カランク」。花崗岩の断崖と、
青い海がつくり出す壮大な自然に、心ときめく。

美しい村 7 | ピアナ PIANA

フランス唯一の世界自然遺産に囲まれた村

パリから飛行機で、コルシカ島のバスティア空港まで1時間半。コルシカらしい自然を満喫したいなら、まず最初に目指すべき場所は、ピアナだ。ピアナは、ポルト湾の南側にあり、とりわけこの村を有名にしているのは、「カランク」と呼ばれる岩だらけの入り江の存在だ。ジロラータ湾、スカンドーラ自然保護区を含むポルト湾一帯は、1983年にユネスコの世界遺産（自然遺産）にも登録されている。

バスティア空港から車でN193を南下し、途中で西に折れD84に入る。くねくねと山深い道を走って約3時間。ポルト湾の奥座敷ポルトまでのドライブは、島を東から西へ横断する旅となった。

ポルトからピアナに向かう約6キロの道のりは、古の火山活動でできた奇岩群が様々な表情を見せ、神秘的ですらある。高台にあるこの道からは奇岩の彼方に海と水平線が望め、その美しさは言葉を失うほどだ。

海はひっそりしていて、崖道の脇にはコルシカ特有のマキの灌木《かんぼく》が茂り、限りない静寂が広がる。そんな秘境の地に自分が佇んでいることが、不可思議にすら思えた。

ピアナは、このカランクに抱かれた、こぢんまりとした可愛い村で、赤レンガ色の屋根とクリームベージュの壁で統一された民家の佇まいが印象的だ。背後には頂に雪が残る高い山々が迫り、海と奇岩群の光景とのコントラストに、まさに大自然の驚異を感じる。

一方で、バロック様式の小さな教会、サント・マリー教会（P71下の写真）のステンドグラスの美しさに目を見張った。ガラスを通して降り注ぐカラフルで優しい光と、清澄な空気は、人を清らかな気持ちにしてくれる。旅の記憶に深く残ることだろう。

パリからのアクセス & 旅のヒント

アジャクシオからはD 81を北上し、カルジェズCargèseから山に入り、ピアナPiana、ポルトPortoに抜ける。バスティアからの道のりは本文中に。

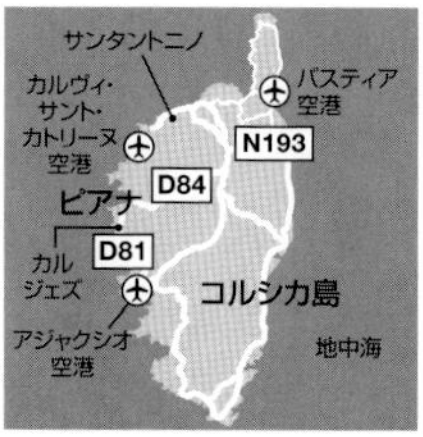

パリの2つの空港から、コルシカCorse島の玄関は主に3つ。北部のバスティアBastia空港、コルシカ島西部のアジャクシオAjaccio空港、北西のカルヴィ・サント・カトリーヌCalvi Saint Catherine空港まで各々1時間30分のフライト。航空会社によって空港が変わる。

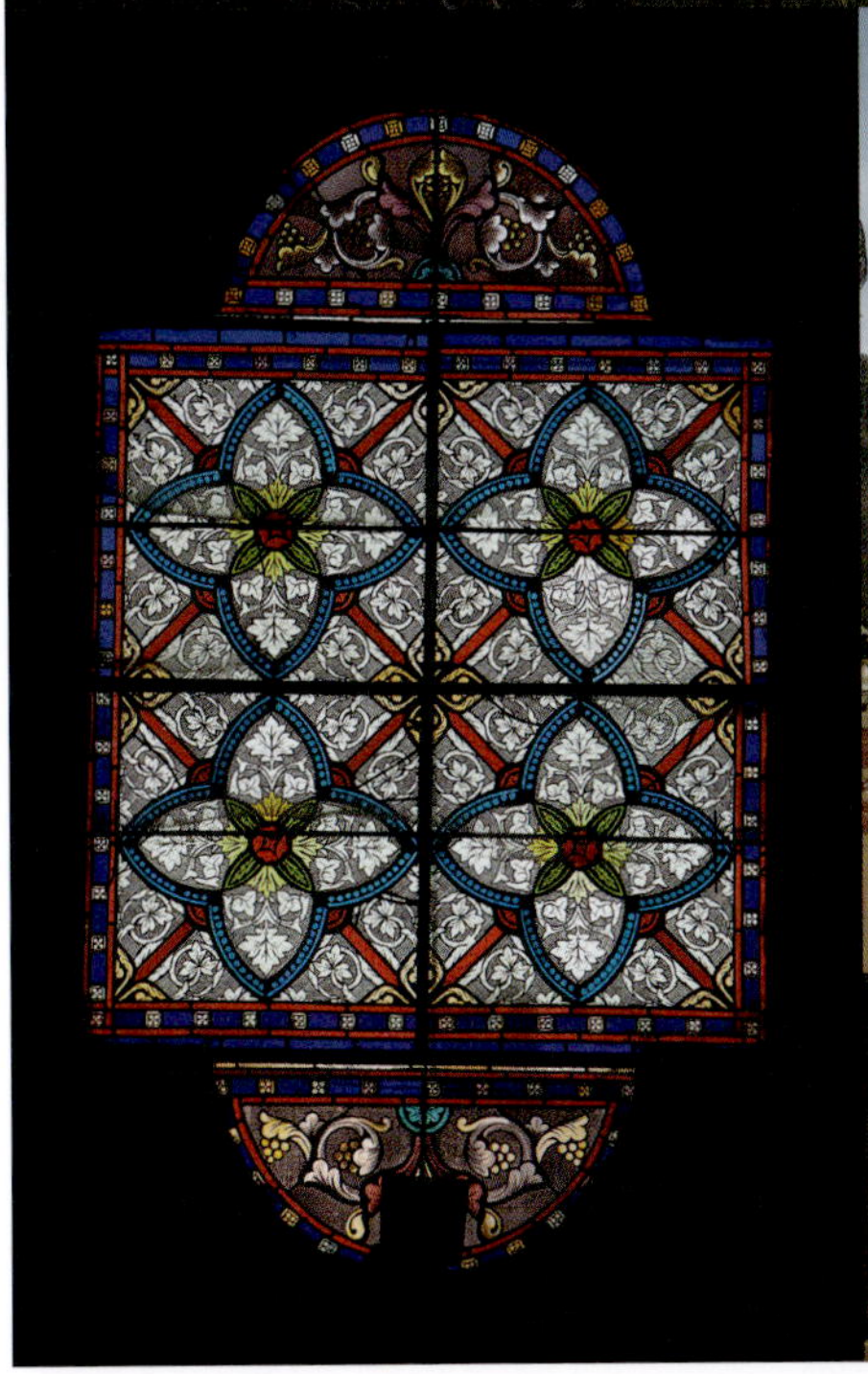

HÔTEL DE LUXE
★★★★

Hôtel Demeure Castel Brando

オテル・ドゥムール・カステル・ブランド

コルシカ北端の美しい海辺に建つリゾート・ホテル

コルシカの北の玄関口、バスティア空港から25キロ北上したエルバルンガという美しい海辺の村に、優雅なリゾート・ホテルがある。今回、紹介する村からは離れているが、空港を利用する際に泊まり、コルシカの北東部の魅力にも触れてみたい。

ホテルは1853年に建てられた個人の邸宅を改修したもので、白壁にペパーミントグリーンの鎧戸が配された建物が、あか抜けた印象だ。ホテルから海まで目と鼻の先にあり、潮の香りがかすかに漂ってくる。オーナーは、「ここはエルバルンガの青い海と白の砂浜、小さな入り江があるだけ。でも、それだけで十分満足のいくバカンスが過ごせますよ」と自信に満ちた笑顔で話す。

背後にブランド渓谷を控えた庭には、樹齢150年の大きなパームツリーやヒマラヤスギが生い茂り、アジサイの花などが咲き乱れている。ガーデンチェアに座ってティータイムをとっていると、鳥の楽しげな鳴き声が聞こえ、ゆるやかな時が流れる。

母屋のサロンには、創業当時からあるアンティークの置き時計やシャンデリアが飾られ、クラシックな趣がある。一方、プールサイドの別棟は、別荘風の軽やかなしつらえ。ベッドルームは漆喰の白やクリーム色の壁に、薄いミントグリーンの縁どりが施され、優しい色合いに心が和む。部屋の窓を開ければ爽やかな風が通り抜け、山肌が目に飛び込んでくる。外のプールでひと泳ぎし、青緑のパラソルの下で昼寝を楽しむ。

夕方には浜辺の散歩に出かけたい。歴史的地域に指定されている小さな漁港は、ジェノヴァ時代の古い塔が残され、ひなびた風情が残る。夜は港のレストランで、ロマンティックなディナーを。磯の香がする魚介のスープや地元でとれるヒメジなどの魚のグリルに舌鼓を打つ。エルバルンガの夜がゆっくりと更けていく。

エルバルンガの心安らぐ海の宿

白やクリーム色をベースに、ペパーミントグリーンを配した外壁や室内が優しい印象。樹齢100年を超える木々が茂る庭でくつろぐ。

ホテルの魅力

―

19世紀の邸宅を改装したゲストルーム

(上左)サロンには、優美なシャンデリア風のキャンドルスタンドが飾られている。(上中)滞在中に、果実味豊かなコルシカ南部のワインを入手して、ゆっくり味わおう。(上右)コルシカ生まれのナポレオンの絵画や骨董の置き時計に囲まれた室内。ナポレオンの生涯に思いを馳せる。(左)オフホワイトでまとめられたゲストルーム。クラシックな装飾に和んで。テラスから渓谷が望める。

HOTEL DATA

パリからバスティアBastia空港まで1時間30分。空港からホテルまで車で25km。N193でバスティアまで行き、そこからD80でホテルへ。

または、バスティアの中心部からバスで20分。ラ・プラス・サン・ニコラla Place St Nicolasからエルバルンガ Erbalunga行きのバスに乗り、終点(ホテルの前)で下車。

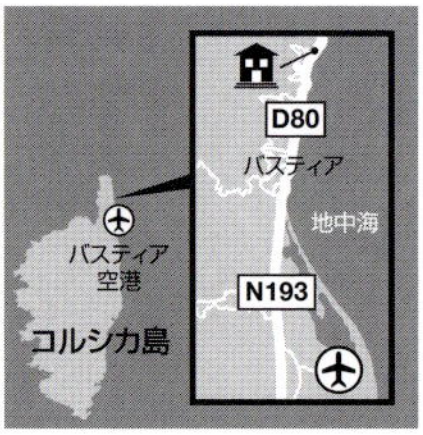

住所	Route du Cap 20222 Erbalunga
TEL	+33 (0) 4.95.30.10.30
FAX	+33 (0) 4.95.33.98.18
URL	http://www.castelbrando.com
客室数	40室　一般客室34室／スイート6室
料金	一般€113～286　スイート€159～279 朝食€15

★ホテルの予約はP173参照

コルシカ北部の海と空に恋する

オテル・ドゥムール・カステル・ブランドのある村は、エルバルンガという。バスティアからこの村一帯は、15世紀から18世紀にかけてジェノヴァ共和国の支配下にあったところで、その名残だろうか、ジェノヴァ風の建物が各所で見られる。

　ホテルから数十メートル歩けば、海岸に到着。太陽の光を返す、青い波の美しいこと！　今は穏やかな家並みを見せるこの地も、ジェノヴァの支配、その後のコルシカ独立戦争などにより、何百年も苦渋の時代を強いられてきた。そんな時代をくぐり抜けながらも、入江は透き通るようなブルーをたたえ、静かな波音を立てている。この澄んだ海と空を眺め、村人たちは昔も今もたくましく生きているのだろう。

(左)空と海の色がひとつに溶け合ったような、詩情豊かな風景に出合えるエルバルンガ。光り輝く海岸を散歩し、この景色を見るだけで、幸せな気持ちでいっぱいになる。
(右)港では釣りを楽しむ人もいる。時と共に刻々と色を変えていく海の色に、ときめいて。

美しい村8 | サンタントニノ

SANT'ANTONINO

天と海と山を抱く
コルシカ最古の村

9世紀に初代コルシカ伯爵によってつくられた
コルシカで最も古い鷲の巣村、サンタントニノ。
比類なき自然の景色に圧倒される。

美しい村8｜サンタントニノ

SANT'ANTONINO

地中海と山岳に囲まれた村で、雄大な絶景に出合う

コルシカの北西に位置する人気のビーチ、リル・ルースから少し内陸に入ったところに、サンタントニノという美しい村がある。ここは、9世紀に初代のコルシカ伯爵、ウゴ・コロンナによってつくられ、コルシカ最古の村のひとつだ。

サンタントニノは、標高500mの岩山に形成された鷲の巣村で、75世帯の民家がひっそり肩を寄せ合うように、軒を連ねていた。

山の頂上に辿りつくと、眼前に広がる景色に目を見張った。前方に地中海の水平線、後方に白銀の山々、パノラミックな光景が視界に飛び込み、自分が天空に立っているかのような錯覚を覚える。

頂上には、堅牢な古いカステロ城跡がある。そこからは銀緑色のオリーブ、アーモンド、イチジクなどといった木々や、小麦、大麦などが育つバラーニュの平野が望め、村が豊かな自然の懐に抱かれていることに気がつく。

360度ぐるりと眺められる壮大な景色を楽しんだ後は、大小の花崗岩で形づくられた城砦や様々な石で築かれた民家を眺めながら、村を歩く。かつて、ムーア人（北西アフリカのイスラム教の民）からの侵略に備えて造られた道は極端に狭く、迷路のように入り組んでいる。しかし、そのおかげで、外敵に侵略されることもなく、昔のままの素朴な村の姿を、今に残すことができたのだ。

村の中ほどには、小さなサンタンヌ・エ・デ・ベルジェ礼拝堂があり、礼拝堂の鐘と背後の雪に覆われた山の取り合わせは、心が洗われるような美しさだった。また、麓には11世紀に建てられたアノンシアション教会がある。バロック風の教会内には、「キリスト降架図」や「エジプト避難」など歴史文化財に指定されている4点の絵画が飾られ、その信仰心の深さを肌で感じた。

パリからのアクセス＆旅のヒント

カルヴィ・サント・カトリーヌ空港からタクシーで30分。車の場合は、N197で、リル・ルースL'Île-Rousse方面に向かい、リュミオLumioを過ぎたらD71へ。カテリCateriを過ぎたら、D151を経由してD413に入る。

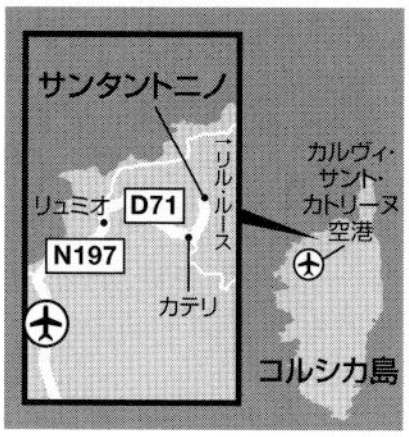

パリ・オルリーOrly空港からカルヴィ・サント・カトリーヌCalvi Saint Catherine空港まで約1時間35分。カルヴィCalviから20㎞。

360度見晴らせるパノラマを訪ねて

山頂にはカステロ城跡があり、前方に地中海、背後に山々が控えている。(左下)岩山の麓に咲くアロエ。(右下)サンタンヌ・エ・デ・ベルジェ礼拝堂。

HÔTEL DE LUXE ★★★

Casa Théodora

カーサ・テオドラ

ジェノヴァ風装飾が美しいロマンティックな宿

サンタントニノの村から約8キロ南下したところにミュロという小さな村があり、そこに「カーサ・テオドラ」がある。部屋数8室だけの隠れ家のような宿で、サンタントニノへ行ったら、ぜひ訪ねたいホテルだ。

16世紀に領主の屋敷だった建物を修復したもので、門の中に入るといきなりデコラティブなエントランスが現れ、ミステリアスな世界に迷いこんだよう。しかし、これは序章にすぎず、ゲストルームやダイニングルームはさらに華やかな色調と装飾に彩られ、思わずため息が出る。

これらの室内装飾は、造形美術家のオーナーが長い歳月をかけて手がけたもので、コルシカを長く支配していたイタリアのジェノヴァ共和国時代のスタイルがベースにあるそうだ。オーナーのエスプリと情熱を凝縮した詩的でアーティスティックな空間が、全館に及んでいた。

8室のインテリアはそれぞれ異なり、どれも個性的に仕上げられている。甘いローズ色でまとめられた淑女のドレスルームのようなイメージの部屋や、ナポレオンの部屋を連想させる高貴な雰囲気のブルーグレーの部屋など、どの客室も緻密な統一感があり、心安まるしつらえだ。私が泊まった部屋には、白いチュールのレースのカーテンが掛かった天蓋付きのベッドがあり、清楚で可憐なムードが演出されていた。壁には紋章のような意匠と、アンティークのベッドや椅子、ミラーが配され、白いレースのカーテン越しに、木漏れ日が美しい光を投げかけていた。

マダムは、「バロック調のフレスコ画やだまし絵は、主人がじっくり時間をかけて描いたものです。この非日常の空間を楽しんでいただければと思います」と優しく微笑んだ。館内には、温水プールやマッサージなどのサービスが用意されているので、旅の疲れをゆっくり癒やしたい。

ローズカラーの
客室で夢見心地

ジェノヴァ様式を構築的にアレンジしたローズ色のゲストルーム。ラブリーな女性におすすめ！

(上左)白いレースのカーテンから、やわらかい光が差し込むベッドルーム。(上中)造形美術家のオーナー夫妻がお出迎え。(上右)白とグレー、ゴールドでまとめた天蓋付きのベッドがある客室。(中左)16世紀の領主の邸宅を改装したホテル。(中中)ヴェネツィアングラスのシャンデリアの優雅なフォルム。(中右)エントランスのドアや壁にも、オーナーの手描きによる緻密な装飾が施されている。(下左)キャンドル立てや壁の色柄など、計算し尽くされた見事なインテリア。(下右)長い時を経たアンティークの鏡やカナペ(ソファ)が独特な味を出している。

海洋国ジェノヴァの夢の跡を思う

中世の海洋国家ジェノヴァの栄華を想起させる華麗な装飾のエントランス。帆船や紋章のモチーフがエキゾティック。

ホテルの魅力 | コルシカ島ならではの食材の素朴な料理

カーサ・テオドラでは、事前に予約をすれば、ブランチやディナーの用意をしてくれる。「せっかくコルシカに来たのだから、コルシカらしいものを食べたい！」とオーダーすると、オーナーもマダムも心得ていて、特産のシャルキュトリー（サラミなど豚の加工品）やレンズ豆の煮込みを出してくれた。栗の木が自生する森で育った豚を使用したサラミやコッパは、肉の旨味が濃い。レンズ豆の煮込みも滋味深い味。シンプルなコルシカの郷土料理とコルシカ産の良質なワインで、ディナーを堪能した。オーナーが描いただまし絵の大理石風の壁に囲まれたダイニングルームは、ノスタルジックな雰囲気がたっぷり楽しめる。

(左)レンズ豆の煮込みに、コルシカワインのパトリモニオの力強い赤を合わせて。
(中)コルシカ産のコッパやサラミの風味を楽しむ。
(右)だまし絵が描かれたダイニングルーム。

レストランデータ
ブランチ、ディナーは、要予約。メニューは要相談。

HOTEL DATA

パリ・オルリーOrly空港からカルヴィ・サント・カトリーヌCalvi Saint Catherine空港まで1時間30分。そこから車で約30分。15km。

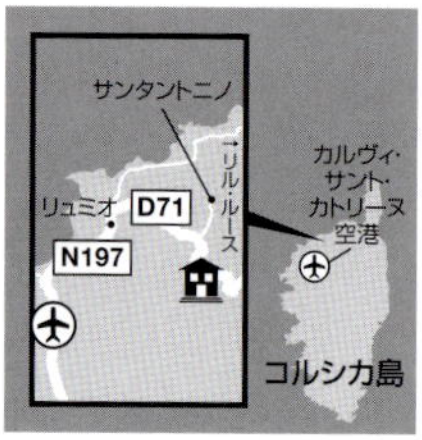

住所	Piazza a u Duttore 20225 Muro
TEL	+33 (0) 4.95.61.78.32
FAX	+33 (0) 4.95.61.78.32
URL	http://www.a-casatheodora.com/
客室数	8室
料金	一般€113〜　スイート€207〜　朝食込み

優雅な空間で、遅めの朝食を

美しく調和のとれたエレガントなダイニングルームで朝食を。フレッシュなオレンジジュースやジャムが美味。物語の主人公になったつもりでゆったり楽しんで。

ミディ・ピレネーの緑深い渓谷の中、中世そのままの村を訪ねる

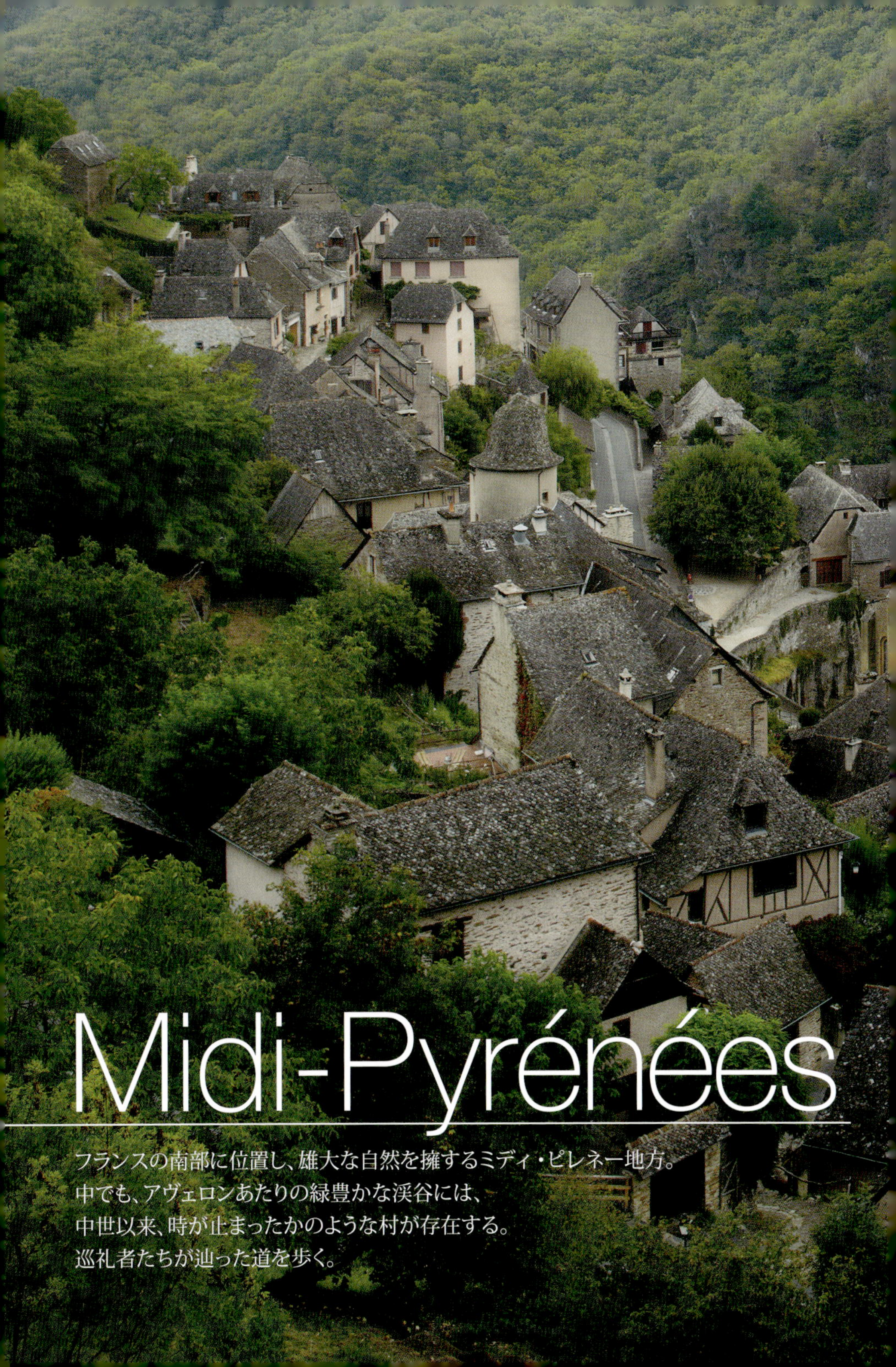

Midi-Pyrénées

フランスの南部に位置し、雄大な自然を擁するミディ・ピレネー地方。
中でも、アヴェロンあたりの緑豊かな渓谷には、
中世以来、時が止まったかのような村が存在する。
巡礼者たちが辿った道を歩く。

聖なる土地の
空気を感じる

教会の十字架の上に美しい彩雲が……。虹色に輝く雲を見た瞬間、奇跡を信じたくなった。

美しい村9 | コンク

CONQUES

聖女伝説が伝わる巡礼の地、コンク

中世に、サンティアゴ・デ・コンポステーラへの巡礼路の要所として栄え、サント・フォワ修道院付属教会とドゥルドゥー川の橋は、ユネスコの世界遺産に登録されている。

巡礼者たちを見守ってきた村

ロット渓谷の斜面につくられた村。濃い灰色のスレート屋根に、コロンバージュ様式の木骨組みの古い家々が並ぶ。

CONQUES

秘境に佇むロマネスクの教会

コンクは、スペインのサンティアゴ・デ・コンポステーラへの巡礼路「ル・ピュイの道」の途中にあり、村にあるサント・フォワ修道院付属教会とドゥルドゥー川に架かる橋が、ユネスコの世界遺産に登録されている。

　パリから急行か夜行列車に乗って、ロデズ駅まで約7時間20分。そこから車で約40分かかり、到着したときには、正直やっと着いたという感がある。村は崇高な気に満ちており、教会の凛とした美しさに触れたときには旅の疲れは吹き飛び、その雰囲気に陶酔していた。そして、ロマネスク建築や巡礼について学ぶよい機会にもなった。

　村は静寂で、巡礼の道標となるホタテ貝のモチーフが、家の壁や道に刻まれている。それらに目を向けながら、ゆるやかな坂道を上ると、サント・フォワ教会が目の前に見えてくる。教会入り口の扉上部の半円部分はタンパンと称されるもので、11～12世紀に作られたロマネスク彫刻の最高傑作だ。当時としては珍しい多色使いで、光輪の中のキリストを中心に、向かって左は天国、右は地獄を描いている。解説書を片手に、タンパンを読み解くのも面白いものだ。

　ここには、聖女伝説がある。サント・フォワは12歳でキリスト殉教者となり、その遺骨はコンクの西南のアジャンの修道院に保管されていたが、9世紀にコンクの修道僧が盗み出し、コンクの修道院に移管した。11世紀から12世紀にかけて、サント・フォワの聖遺物が納められていることにより、数々の奇跡が起こったとして信仰され、多くの巡礼者が訪れたという。

　サント・フォワの聖遺物は、現在教会横の宝物館に展示。遺骨が入っているという金に宝石がちりばめられた座像のような聖骨箱を眺め、聖女伝説にしばし浸った。

パリからのアクセス

パリ・オステルリッツGare d'Austerlitz駅からロデズRodez駅まで、急行で約7時間20分（夜行列車あり。要予約）。そこからタクシーで約40分。約37km。パリ・オルリーOrly空港から、ロデズ・マルシヤックRodez-Marcillac空港まで、約1時間30分。空港からコンクConquesまで、タクシーで約40分。

教会の内部に入ると、無彩色のステンドグラスが目に入ってくる。これは地元のロデズ出身の現代画家で、世界的に著名なピエール・スーラージュが手がけたもの。薄暗がりの中、やわらかな光による微妙なモノトーンな陰翳《いんえい》が見る者を包み込み、教会の森をさまよっているような気分にさせられる。「黒の画家」と称されるスーラージュは、私の好きな画家のひとりだ。「光が黒に反射するときに、黒の色彩が変化し光り輝く」という概念のもと、ここのステンドグラスも白と黒で構成されている。この教会を目にしたときに感動したのは、実はスーラージュのストイックなステンドグラスがあったからだ。

厳かな気持ちで教会を出て、小道や路地を歩き回る。空気が澄み、空は心が晴れ晴れするほど真っ青だ。時折、蝶が路地をひらひらと舞い、淡い紫色の釣鐘草が風に揺られているのが印象的だった。

ランチは、教会前にあるコロンバージュ様式の建物のレストラン「Au《オ》 Parvis《パラヴィ》」に入った。2階席からは教会のタンパンがよく見える。クレープやサラダなど素朴な料理を口に運ぶ。ここでは豪華な料理より、むしろ巡礼者のような、つつましやかな料理のほうが合う。

教会前の広場やメインストリートには、小さな土産物店がある。ここで見つけたホタテ貝のチャームやサント・フォワのメダイユが、少し気になった。信心深いわけではないけれど、その土地に深く関わるものを手にすると、よりそこに愛着が感じられるからだろうか。

時間が許せば、観光案内所で村のビューポイントが入った地図を入手したい。山道を上って村全体が眺められる場所に行ってみよう。深い緑に囲まれた村は、ひっそりとした佇まいで、何度訪れてもハートに迫る稀有な場所だ。

旅のヒント

ロデズ駅、ロデズ・マルシヤック空港から車で、D840をマルシヤック・ヴァロンMarcillac Vallon方面へ向かい、D901でサン・シプリアン・シュル・ドゥルドゥーSaint Cyprien sur Dourdouを経由していく。

ロマネスク様式のサント・フォワ教会の彫刻に魅せられる

（上左）教会内の柱頭の彫刻。新約・旧約聖書の物語をモチーフにして緻密に制作されたものが多い。

（上右）入り口上部のタンパン。主題は「最後の審判」。キリストを中央に、天国と地獄が描かれている。

（下左）ピエール・スーラージュが、1987年から1994年にかけて、窓のステンドグラスを制作。

（下右）教会は簡素な造りながら、柱頭の人体表現などはロマネスク様式らしい凝ったものだ。

ロマネスク建築に見惚れる

サント・フォワ教会の奥にある礼拝堂の外観。円錐が重なったような屋根の造りは、ホタテの貝殻のようだ。

HÔTEL DE LUXE
★★★★

Hôtel-Restaurant Hervé Busset

オテル・レストラン・エルヴェ・ビュセ

コンクの山里にあるモダンな宿&1ツ星レストラン

コンクでおすすめしたいのは、「オテル・レストラン・エルヴェ・ビュセ」だ。村はずれの川沿いにあり、外観は古風な水車小屋の風情だが、中は意外にコンテンポラリーな内装で、ミシュラン1ツ星レストランを併設しているのもポイントが高い。

オーナーはシェフのエルヴェ・ビュセ氏と夫人で、シェフは周りの豊かな自然を愛し、地元の素材を使って腕をふるっている。彼はアートにも興味を持ち、サント・フォワ教会のステンドグラスを手がけた現代絵画の巨匠、スーラージュの作品にインスピレーションを受けて、室内を全面改装したそうだ。

6ヘクタールもある敷地内には川が流れ、そのせせらぎを聞きながらテラスのデッキチェアでくつろぐのは本当に気持ちがいい。天井に木の梁がわたるサロンは、長年使われてきたオークの本棚や古い置時計が飾られていて、ほっと心和む。

建物の上階にあるベッドルームは、なるほど画家スーラージュの世界を意識した現代アートのような空間で、気分をリフレッシュさせてくれる。階下のレストランも、古い石壁や木の梁などを残しつつ、モダンな家具や照明とうまく融合させ、アートギャラリーのようなテイストにまとめられている。夜は少しドレスアップして、ディナーに臨みたい。

シェフはクラシックな料理を基本に、ローカルな食材にこだわり、季節に応じてイノシシや仔ウサギ、鴨などの料理を出している。また、敷地内で育てているハーブを毎朝摘み、野菜をふんだんに取り入れて料理をアレンジ。「ボタニカル料理」と名づけられたそれは見た目にも麗しく、薄紫色のイブキジャコウソウや白セロリなどの爽やかな芳香が、料理を引き立てている。シェフの創意工夫と、消化にいい料理、安眠の宿は、旅人にどこまでも優しかった。

巡礼の村で
静かに過ごす夜

昔の水車小屋を改装したオーベルジュ。お城のような石造りの建物が、夜はライトアップされ幻想的に。

アート空間で
美食を堪能

朝とれた野菜や野花を使ったフレッシュな料理を、モダンアートな空間でいただく幸せな時間。

ホテルの魅力 | 自然とアートの美が薫る宿のおもてなし

(上左)サロンに飾られたバロック調の優美なシャンデリア。

(下左)青を基調としたクール&モダンなインテリアのベッドルーム。

(上中)長い歴史を感じさせる古い本棚には、叢書がいっぱい。

(下中)野菜とハーブ、夏のトリュフ添えは、食感と味覚のハーモニーを楽しむ。

(上右)石の柱や壁とマッチした古い時計やアンティークのランプ。

(下右)テラスにパラソルとテーブル、椅子を置いて、外でも食事ができる。

HOTEL DATA

パリ・オステルリッツGare d'Austerlitz駅から急行でロデズRodez駅まで7時間20分。そこからタクシーで約40分。
パリ・オルリーOrly空港からロデズ・マルシャックRodez-Marcillac空港まで、約1時間30分。空港から車で30分。

住所	Le Moulin de Conques 12320 Conques
TEL	+33 (0) 5.65.72.84.77
FAX	+33 (0) 5.65.72.83.91
URL	http://www.moulindecambelong.com
客室数	9室　一般客室8室/スイート1室
料金	一般€180~270　スイート€330~360 朝食€20

Basque

ピレネー山麓に抱かれ、大西洋の暖かな空気が流れ込むバスクは、
目の覚めるような緑の牧草地が広がる。澄んだ空気と
透明感のある光の中、バスクのエスプリが凝縮された山間の村、
アイノアとサールを訪れる。

バスク人が頑なに守り続ける
豊かな自然と暮らし

メインストリートを
そぞろ歩き

古民家の路地からの眺め。白い壁に赤の鎧戸のコントラストが印象的。バスクの伝統建築の家が連なる。

美しい村 10 | アイノア

AINHOA

赤と緑と白壁の村

13世紀には、サンティアゴ・デ・コンポステーラの巡礼者の宿場町だったアイノア。バスクのシンボルカラーである赤、白、緑で統一された可愛い村に感激。

(上左)バスクの街の壁の色は規制されており、白、赤、緑の色で統一されている。(上中)バスク十字(ラウブル)の意匠が施された鎧戸。(上右)壁に映る看板の影も可愛い。(中左)昔の文字や飾りを遺した石壁。(中中)大きな梁やレトロなランプに囲まれたオーベルジュ。(中右)典型的な丸瓦屋根の建物。(下左)張り出したテラスの意匠も凝っている。(下右)さかんに声をかけてきたワンちゃん。※村の入り口には1ツ星の名レストラン&ホテル、オテル・イチュリアHôtel Ithurria(問い合わせ先　TEL:03-5362-7852　シャトー&ホテル・コレクション日本予約センター)があるので立ち寄りたい。

美しい村 10 | アイノア

AINHOA

バスクの伝統文化に恋してしまいそうな村

バスクと聞くだけで、心が躍るのは私だけだろうか。フランス南西部からスペインの北部にまたがり、7つの地域からなるバスク地方。独自の文化や言語を持ち、大西洋の海岸線の街から10キロも内陸に入ると、緑鮮やかな牧草地帯や山が連なり、バスク人が守り抜いてきた美しい自然がある。中でも、山間にあるアイノアは、バスクの伝統文化や建築様式が色濃く残された村だ。

パリからTGVでビアリッツ駅まで約4時間10分。アイノアは海辺のビアリッツから車で約35分ほど南下したところにある村でスペインとの国境近くにある。ここは13世紀に村が築かれ、サンティアゴ・デ・コンポステーラの巡礼者の宿場町だったという。

村はメインストリートが一本あるだけで、かつては巡礼者たちがここを通っていたのだと思うと、淡い郷愁のようなものが湧いてくる。通りにはバスクのシンボルカラーである白と赤、緑で統一された木骨の民家がずらりと並び、その愛らしさに笑みがこぼれる。壁や鎧戸には、バスク十字と呼ばれるラウブルの意匠が施されていることが多い。これは、火、大地、水、空気を表しており、バスク民族古来の伝統的な文様が残っているそうだ。

メインストリートにあるブティックでは、伝統的なバスク織の手工芸品に夢中になる。バスクの7地域を表す7本のストライプが入ったリネンは、素朴な風合いが何ともいえない。

そして、村のオーベルジュでバスクの郷土料理を食べるのは楽しくてたまらない。前菜は生ハム、セラーノやイベリコ豚、メインは仔牛の挽き肉をタマネギやエスペレット産のピマン（赤唐辛子）と一緒に煮込んだアショアを注文。優しい口当たりのスペインのナヴァラワインを合わせれば、気分はすぐに盛り上がる。

パリからのアクセス＆旅のヒント

パリ・モンパルナス駅からTGVでバイヨンヌBayonne駅まで約4時間。車の場合はバイヨンヌからD932を南下、カンボ・レ・バンCambo-les-BainsでD20をエスペレットEspelette方面に入り、そのままアイノアへ。所要時間約35分。

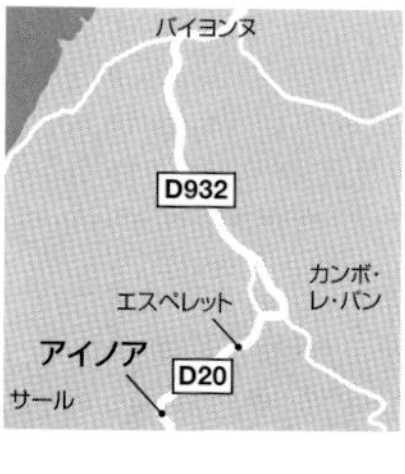

パリ・モンパルナスMontparnasse駅からビアリッツBiarritz駅まで、TGVで約4時間10分。そこからタクシーで約35分（28km）。パリの2つの空港からビアリッツ・アングレ・バイヨンヌ Biarritz Anglet Bayonne 空港まで、約1時間。

バスクのエスプリを持つ料理やグッズ

(上左)バスクの伝統的な家庭料理、アショアAxoaや生ハム、セラーノを味わいたい。

(上右)メインストリートにあるバー・レストラン。深い緑が白い外壁に映える。

(中左)バスク名産の黒サクランボジャムやサクランボ柄の陶器はお土産にしたい。

(下左)近隣の村エスペレットのスパイス、ピマン(赤唐辛子)のペーストやジュレも人気商品。

(下右)バスク織のリネンはカラフルなストライプが特徴。丈夫で長持ち、手触りがよい。

美しい村 11 | サール

SARE

バスクの素朴な暮らしが見える村

バスク地方の山の麓にあり、
バスクの民族的な文化や
スポーツなどが色濃く残る。
各種の行事やお祭りに参加したい。

スペインとの国境からわずか2キロの山間にあり、ラ・リューヌ山とアシュリア山に囲まれた村サール。バスクの民族的伝統、風習が色濃く残り、アイノアからもわずか8キロで、周囲はのどかな田園の風景が広がる。

村の中心部はアイノア同様、白壁に赤や緑の窓枠の民家が並び、レストランや店の名前は、バスク語とフランス語が併記されている。

バスクというと、ピレネー山脈の両側に分かれた民族が、共に独特の言語と文化を大切にしていることで知られる。

バスクの歴史を見ると、人が住むようになったのは中期旧石器時代で、3世紀にバスク地域が事実上独立。10世紀に、ここにナヴァラ王国が創設される。16世紀にはナヴァラ王国の南側、南バスクがアラゴン王国(スペイン王国)に併合され、それが後のスペインのバスク自治州となる。

一方、北側のバス・ナヴァルはナヴァラ王のもとに残り、独立を維持した。1589年に、ナヴァラ王はアンリ4世としてフランス王に即位し、バス・ナヴァルはフランスに併合。その間もバス・ナヴァルを中心とする北バスクは、自治を保ち続けたが、フランス革命後、フランスに属することになった。バスクは、フランスとスペインに分かれて統治されて以降も、一致して独立を目指し、現在も政局は混沌としている。

このように、数千年の歴史を持つバスクは、ひとつの「国」という意識が高く、バスク人はバスクの血をひくことに誇りを持っている。

村の広場の市役所には、イクリーニャと呼ばれるバスク州の旗が揺らめいていた。赤と緑と白の旗で、赤はバスク、緑は自由の象徴・ゲルニカの樫の木、白は神を表すそうだ。ここにもバスク人の独立への思いが込められていた。

パリからのアクセス

パリ・モンパルナスMontparnasse駅からビアリッツBiarritz駅まで、TGVで約4時間10分。そこからサールSareまで28km。
パリの2つの空港からビアリッツ・アングレ・バイヨンヌBiarritz Anglet Bayonne空港まで約1時間。空港からサールまではタクシーで55分、25km。
ビアリッツ駅から、サン・ジャン・ド・リュズSaint-Jean-de-Luz駅までSNCFの列車で13分。そこからバス(サール行き)で40分。サン・ジャン・ド・リュズからタクシーで30分。

ピレネー山脈の雄姿を望む

典型的なバスクの民家が連なる小さな村から一歩外に出れば、美しい草原の向こうにピレネー山脈が広がる。

美しい村 11 | サール

SARE

バスク独自の建築や伝統文化に触れる

白い漆喰の壁に石組みをアクセントのように見せるバスクの伝統的建築様式に興味を持ち、村の高台にある「オルティロピッツ（Ortillopitz）」を訪れてみた。ここは17世紀の古民家を復元し、公開しているバスクの歴史を語る博物館で、建物の構造や家具、民芸品、雑器などを見学でき、興味深い。

もうひとつの面白い博物館が「ガトーバスク博物館（Le Musée du Gâteau Basque）」である。ガトーバスクは、もともとバスクで家庭ごとに作る伝統的なお菓子。タルト風のシンプルな焼き菓子だが、黒サクランボのジャムやカスタードクリームなど、独特の風味がある。ここで作り方の見学をし、試食するのも楽しい。素朴な伝統菓子はお土産にも喜ばれそうだ。

村の中には、バスクのどんな街や村にもある、伝統球技ペロタをするための壁打ちのコート、フロントンがあった。ペロタは素手やラケットなどを使って、革やゴムのボールを壁に向かって打ち合う競技で、子どもにも大人にも大人気のスポーツ。サールでは7月と8月に、このペロタや民族ダンス、歌などが行われるお祭りがあるので、ぜひ訪れたい。

ひととおり回ったら、村の中心にに建つ「Arraya《アライヤ》」のレストランで食事を。ここは3代続く家族経営の老舗のオーベルジュ。16世紀建造の建物を大切に手入れし、木の梁やバスク織のテーブルクロスに囲まれた空間が、バスクの古き良き時代を偲ばせる。バスクの定番理、チャングロ（カニのグラタン）のラビオリやフィレステーキ、シナモン風味のサクランボ添えなど、地元ならではの滋味あふれる料理に大満足。エキゾティックな果実と花のアロマが漂うイルレギー（Irouleguy）ブランなどのバスクワインも舌に心地よい。自家製ジャムはお土産に。

旅のヒント

サン・ジャン・ド・リュズSaint-Jean-de-Luzからは、車でD918をアスカンAscainへ。そこからD4で。所要時間30分。空港からは車でA63をサン・ジャン・ド・リュズに向かう。あとは上記と同じ。55分。

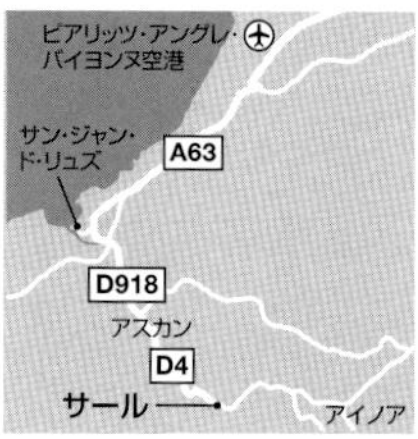

(上左)村の中央の広場にあるサール市役所には、バスクの旗が掲げられている。(上右)総石造りの階段や壁に、中世の頃が偲ばれる。(中左)村で購入したガトーバスクとクッキーは、素朴な風味。(中中)広場のカフェで憩う地元の人や観光客。(中右)三角屋根の大きな教会。(下左)村の広場に面する人気ホテル・レストランのアライヤArraya。レストランの室内も素敵。シピロン(小イカ)やカニの料理など郷土料理がおすすめ。バスクワインのイルレギーやナヴァルを合わせたい。(下右)伝統球技ペロタのコート、フロントン。昼下がりに子どもたちが遊んでいた。

HÔTEL DE LUXE ★★★

L'Auberge Basque

ローベルジュ・バスク

バスクのモダン宿で、洗練のバスク料理を

バスクの村巡りをするなら、アイノアやサールから車で約10分のサン・ペ・シュル・ニヴェルにある「ローベルジュ・バスク」に宿泊するのがおすすめだ。オーナーシェフのセドリック・ベシャド氏は、バスクのビアリッツの名門「オテル・デュ・パレ」でシェフとして、そのキャリアをスタート。やがてパリでアラン・デュカス氏と出会い、「プラザ・アテネ」のレストランなどで約10年の経験を積み、2007年に現在のオーベルジュをオープンした。

この宿は、ラ・リューヌ山に面する丘の上に建ち、周囲には羊や馬たちがのんびり草を食《は》むのどかな田園風景が広がる。澄み切った空気がおいしい。館内はコンテンポラリーなデザインと伝統のバスク様式がクロスしたインテリアが心地よく、シェフのみずみずしい感性を感じられる。

甘いマスクのセドリック氏が、爽やかな笑顔で現れ、その抱負を情熱を込めて語ってくれた。

「バスクは豊かな海と広大な山に恵まれた魅力的な食材の宝庫。この素晴らしい環境の中で、バスク料理やクラシックな料理をベースに、自分なりの新しいフレンチを作っていきたいのです」

ゲストルームは、17世紀の建物を生かしつつ、ベルギーのインテリアブランド、フラマンの上質な家具やリネンを配したモダンな空間。ホワイトや淡いベージュ、グレーなどやわらかなトーンでまとめられた室内がお洒落だ。壁にはバスク地方で活躍する画家の絵や写真家の写真が飾られ、セドリック氏の地元への愛着がうかがえる。テーブルに、ウェルカムドリンクのサングリアとバスクの老舗パティスリー、メゾン・アダムのマカロンが用意されていた。このマカロンは、バスク好きならみんな知っている素朴で美味なお菓子！心配りがうれしい。

贅沢な
バスクの朝食

地元の美味をふんだんに取り入れた朝食に感激。自家製のパンに、生ハム、チーズ、ヤギのヨーグルト、フルーツサラダで幸せ！

ホテルの魅力1 ｜ 気鋭のシェフのおもてなし、1ツ星レストラン

1階にあるオープンキッチンになったレストランでは、シェフやスタッフが真剣な面持ちで、きびきび調理をしているのが見える。食材はオーガニックなものを使うように心がけ、地元の生産者達とまめにコンタクトをとり、とびきりいい食材を入手。バスクの文化や食材を愛し、そこに新風を注ぎこみ、ひと皿ひと皿に思いを込めるというセドリック氏の料理。ピペラード（トマトやピーマンなどを炒めたものと溶き卵を合わせたもの）やシピロン（小イカ）、タラなどを使ったバスクの伝統料理が、彼の高度な料理法で洗練された一品に変わる。６００種類のこだわりのワインも揃え、バスクの食通達の味覚に、見事に応えていた。

(上左)タラのイカスミソース。ポワローのグラタン添え。(上右)ナチュラルでモダンなインテリアのレストラン。(下左)バスクの若手代表シェフのセドリック氏。(下右)シピロン(小イカ)の料理は、色彩も美しい。

レストランデータ
㊖12:15～13:30 19:45 ～21:45
料金€32～
レストラン休業日
12/17-12/26、1/2-1/25、4月、5月、10月の定休=日曜、月曜
6/1-9/30の定休=月曜、火曜(ランチ)

ホテルの魅力2 | バスクのエッセンスをちりばめた宿

(上左)ベルギーのインテリアショップ、フラマンの家具やオブジェを配している。

(下左)梁を生かしたコージーなベッドルームで、カントリースタイルを楽しむ。

(上中)真剣な表情で働く、若い料理人達の姿が見えるオープンキッチン。

(下中)白い光の中で、個性的な花アレンジが映える1階のサロン。

(上右)17世紀の建物を改装したオーベルジュ。周囲のグリーンが目に鮮やか。

(下右)広い庭で走り回って遊んでいた、オーベルジュの愛犬とも仲良しに。

HOTEL DATA

パリ・モンパルナスMontparnasse駅からTGVでサン・ジャン・ド・リュズSaint-Jean-de-Luz駅まで約5時間10分。そこから車でD810からD307に入る。タクシーで15分(6km)。

住所	D 307 Vieille Route de St Jean-de-Luz 64310 Saint-Pée-sur-Nivelle
TEL	+33 (0) 5.59.51.70.00
FAX	+33 (0) 5.59.51.70.17
URL	http://www.aubergebasque.com/
客室数	13室　一般12室／スイート1室
料金	一般€109～325　スイート€259～364 朝食€18

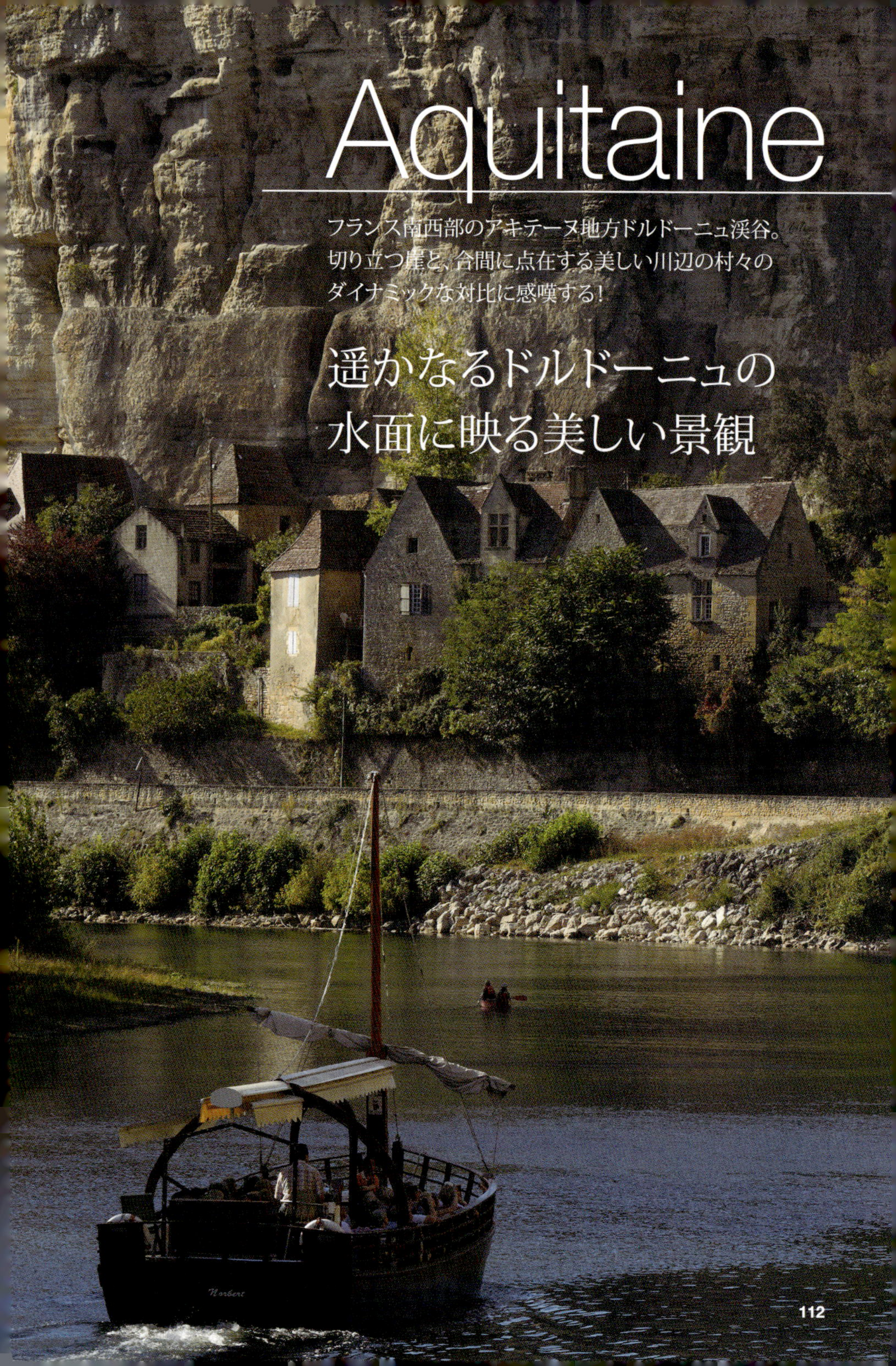

Aquitaine

フランス南西部のアキテーヌ地方ドルドーニュ渓谷。
切り立つ崖と、合間に点在する美しい川辺の村々の
ダイナミックな対比に感嘆する！

遥かなるドルドーニュの水面に映る美しい景観

美しい村 12 | ラ・ロック・ガジャック

LA ROQUE-GAGEAC

ドルドーニュ川に迫る断崖に張り付く村

深く蛇行するドルドーニュ川の岸辺、切り立った崖の下に築かれたラ・ロック・ガジャック。中世からの要塞都市としても名高い。

フランス南西部、アキテーヌ地方のドルドーニュ川に臨む切り立った崖の下に、堅牢な造りの民家が連なる村、ラ・ロック・ガジャックがある。マシフ・サントラル（中央山地）の最高峰ピュイ・ド・サンシーに源を発し、ボルドーにかけて西に流れるドルドーニュ川沿いには断崖絶壁の岩に張り付いたような要塞や古城、村々が点在し、ゆるやかに流れる川と共に野趣に満ちた景観がユニークだ。

中でもラ・ロック・ガジャックは、先史時代から人が住みだし、12世紀から16世紀にかけて崖の上に洞穴要塞が造られ、崖の傾斜地に集落ができ、難攻不落の城塞として威容を誇った。村から約10キロ離れたサルラ・ラ・カネダは、当時ローマ教皇庁に支配され、当時の司教の城もここに建てられていた。17世紀には、ガリレオの友人だった人文学者で天文学者のジャン・タルドが、ルネサンス様式の城館に住んでいた。

村の散策は、レストランや土産物屋が軒を並べる川岸の真ん中にある細い階段を上っていく。上には遊歩道があり、15世紀に建てられた小さな教会がある。中に入ると、宝石のようにきれいなステンドグラスがあり、そこからこぼれる光彩に心奪われた。村の端にはエキゾティックガーデンがあり、温暖な気候のおかげで、バナナやザクロの木など南国の植物がすくすくと育っていた。

村の中には、観光客目当てのショップがあり、地元で生産される良質なフォアグラやワインなどをチェック。お土産にフォアグラの缶詰を購入し、のんびりした時間を過ごす。坂道からは遊覧船やカヌーが行き交うのが望め、川面は強い日差しを受けて煌めいている。時間があれば、ガバール（伝統的な平底船）という遊覧船に乗り、1時間で村の景色を楽しめるクルーズもおすすめ。

パリからのアクセス＆旅のヒント

サルラ・ラ・カネダから車で、D57でヴェザック Vézacに向かい、そこからD703に入る。25分。ただし、レンタカー営業所はサルラ・ラ・カネダにはEurop carしかない。

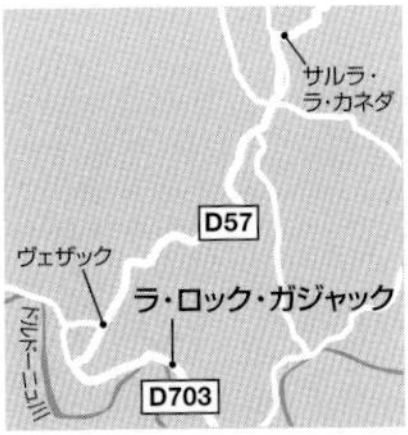

パリ・モンパルナスMontparnasse駅からTGVでリブルヌLibourne駅まで3時間。ローカル線に乗り換え、サルラSarlat駅まで2時間。そこから車で約25分。13km。

断崖に築かれた村と川辺の絶景に出合う

（上左）カヤックや小船で川下りを楽しむ人々も。川から望む村の風景は壮大で、断崖と村を一望できる。

（上右）ラ・ロック・ガジャックとベイナック間のクルージングが楽しめる観光船も人気がある。1人€9。

（下左）村の中にある小さな教会にて。思いがけず現れた美しいカラーのステンドグラスに魅せられて。

（下右）小さな十字架を掲げた、15世紀に建てられた石造りの教会がひっそり建っている。

村の遊歩道から
川に下る坂道

ロリエ・ローズやグリーンが茂る坂道を縫って、村の遊歩道と川辺を散策したい。

HÔTEL DE LUXE ★★★

Hôtel Restaurant La Belle Etoile

オテル・レストラン・ラ・ベル・エトワール

ラ・ロック・ガジャックで3代続く村一番のオーベルジュ

ラ・ロック・ガジャックの村で一番楽しいことは、ドルドーニュ川に面する「オテル・レストラン・ラ・ベル・エトワール」に泊まり、テラス席で食事をとることかもしれない。煌めく陽光が降り注ぐ中、ブドウ棚に縁どられたテラス席に座ると、ドルドーニュ川と渓谷の魅力がぐっと迫ってくる。川の眺めを堪能しながら、地元ならではのペリゴール産のフォアグラをつまみに、近隣のボルドー産のワイングラスを傾けるのは、最高に贅沢な気分だ。

ホテルは断崖（ファレーズ）の下、川岸の真ん中あたりに位置し、1階が入り口で2階にレストラン、その上にホテルがある。3代続くオルガロ家の経営で、テラス席のほかに、室内の席も骨董の燭台や花が飾られ、エレガントなしつらえだ。

料理は自家製のフォアグラか、フォアグラを軽く焼いてアーティチョークなどを添えたものをぜひ味わってみたい。ボルドーの少し甘めの白ワインを合わせると、フォアグラはほんのりした甘味が引き立ち、とてもおいしい。メインのワインソースがかかった仔牛はジューシーで、驚くほど肉が柔らかい。周りのバカンス客たちも、シャンパンやワインを飲みながら上機嫌の様子だった。

食事を終え、天井が高く、大きな暖炉やシャンデリア、古い置時計、鹿の剝製などに囲まれた古いサロンへ移動する。オーナー一家の代々の暮らしぶりが伝わってくる。先祖が使っていた大きな鏡付きのクローゼットやテーブルなどが配されたクラシックな客室は、まるで友人宅のゲストルームに泊まっているかのような親しみやすさがある。最近改装された客室は、アンティーク家具をオフホワイトに塗り替えたり、白のベッドリネンを配したりとモダンにアレンジ。ドルドーニュ川に面する部屋も多く、快適に過ごせる宿だ。

「美しい星」という名の
ホテルレストラン

かつての住人の暮らしぶりが偲ばれるサロン。昔のままの素朴な窓ガラスや床に、長い歳月を感じる。

ホテルの魅力

ドルドーニュ川を満喫できるホテル&レストラン

(上左)階段の壁に鹿の剝製が。豊かな自然と共生する暮らしがここにある。(上中)冷えた甘口の白ワインは、フォアグラと好相性。昼下がりの食事に最高。(上右)銅食器やキャンドル立てが飾られた中世風インテリアのサロン。(下)最近、改装したばかりの客室は、全体にシンプルなトーンでまとめられている。

HOTEL DATA

パリ・モンパルナスMontparnasse駅からTGVでリブルヌLibourne駅まで3時間。ローカル線に乗り換え、サルラSarlat駅へ。ここからD57、D49を経て、D703を左折し、ドルドーニュ川を右に望んで進む。25分。13km。

住所	La Roque-Gageac 24250
TEL	+33 (0) 5.53.29.51.44
FAX	+33 (0) 5.53.29.45.63
URL	http://www.hotel-belle-etoile-dordogne.fr
客室数	13室
料金	一般€68〜 スイート€150 朝食€12

4月初めから11月初めの営業
レストラン 定休日 月曜、水曜のランチ
料理の目安€29〜50

テロワールを
生かした食事に乾杯

フォアグラの産地で、自家製フォアグラを賞味！　甘くて、風味豊か。長年作り続けてきた熟練の味。

tes

Poitou-Charen

フランス西部のポワトゥー・シャラント地方にある大西洋に浮かぶ美しい島、イル・ド・レ。
その中でひときわ爽やかで、砂糖菓子のような色彩の村、
ラ・フロット・アン・レで、優しい島時間を紡ぐ。

夏のバカンスには
ヨットが連なるリゾート
ラ・フロット・アン・レへ

美しい村13 | ラ・フロット・アン・レ

LA FLOTTE-EN-RE

パステルカラーが楽しい島のリゾート

島の入り口近くの小さな漁村。
港のカフェでお茶をしたり、
パステル調の美しい家が並ぶ道を散策。
のどかなリゾートに癒やされて。

大西洋に浮かぶイル・ド・レ（レ島）は、フランスで大変人気のあるリゾート。全長26キロ、幅は最も狭いところで70メートルしかない細長い島で、その北東にラ・フロット・アン・レという村がある。

パリから漁港のラ・ロシェルまで列車で約3時間15分。本土のラ・ロシェルとイル・ド・レをつなぐ橋を渡ると、美しい別世界が広がる。

島の真ん中より手前、北側のビスケー湾に面したところに、ラ・フロット・アン・レがある。港には白とブルー、紺色でペインティングされたヨットや小型船が連なり、それを囲むように、白壁に水色やミントグリーンなどのパステルカラーで塗られた鎧戸がお洒落な建物が並ぶ。空や海も薄い水色で、一幅の水彩画のような光景が広がる。村全体が軽やかで清涼感のある印象で、ほかの村とは異なる、みずみずしいセンスが感じられる。

港をぶらぶら一周し、小さな灯台や沖の船を眺めた後は、村のメインストリートや路地を歩き回る。メインストリートには、バカンス客相手の土産物屋やビーチ用品のブティック、お菓子屋などが並び、海沿いの村ならではの陽気さと華やかさにあふれている。建物の色は、路地に入ってもどこまでも甘いパステルで統一。こうした村全体での色彩の統制が村の美意識を高めている。

ランチは港に面したレストランのテラスで、とれたての魚介を。店の人がその日のおすすめを紹介してくれる。イル・ド・レ産の小エビのフリットや生牡蠣、海の幸の盛り合わせなどを白ワインと共に潮風に吹かれながら食べるのは最高に気持ちいい。「プラタンの家」という島の歴史を紹介するミュージアムやラ・プレ要塞なども散策の折に立ち寄りたい。天気がよければ、海風を受け、サイクリングなども楽しみたい。

パリからのアクセス＆旅のヒント

ラ・ロシェル駅からのバスはレ・ポルト・アン・レ Les Portes en Ré 行き（3A）に乗って、ラ・フロット La Flotteで下車、45分。車ならラ・ロシェルからD735で島への橋を渡り、そのまま直進。約30分。

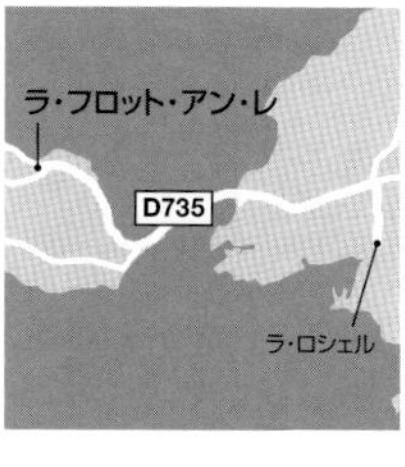

パリ・モンパルナスMontparnasse駅からTGVでラ・ロシェルLa Rochelle駅まで約3時間15分。そこから18km。ラ・ロシェル駅からタクシーで約30分。帰りは、ホテルでタクシーを予約する。

(上左)島は小さいので、村から離れた静かなコテージ風ホテルに泊まるのも素敵。(上中)とれたての小エビのフリットは、白やロゼワインのおつまみに。(上右)港のカフェで、旅行者の老夫婦も楽しそう。(中左)白壁にミントグリーンの鎧戸がお洒落な民家。(中中)港のテラスで、海の幸の盛り合わせを食べる楽しいひととき。(中右)村を散策していると、風情のある路地やパッサージュに突き当たる。(下左)犬も夏のハッピー・バカンス中。(下右)村で見つけたお菓子屋さんのショーウィンドー。魚の形をしたカラフルなお菓子が可愛い！

HÔTEL DE LUXE
★★★★

Hôtel Atalante-Relais Thalasso & Spa

オテル・アタラント-ルレ・タラソ&スパ

癒やしと美肌を手に入れるタラソの宿

イル・ド・レのラ・フロット・アン・レから車で約10分南下したところに、オテル・アタラント-ルレ・タラソ&スパがある。周囲を白い砂のビーチとブドウ畑に囲まれたこの上なくナチュラルな環境にあり、本格的なタラソテラピーの施設を備えている。島でのバカンスにぜひ利用したい極上のホテルだ。スパのテラスでのんびりしたり、ビーチを歩くのは、実に気持ちがいい。

ゲストルームはシーサイドビューとワイナリービューがあり、今回はシーサイドビューを予約。窓から望むイル・ド・レの海と空は、南仏の鮮やかなコバルトブルーとは違い、淡くて透き通ったような色が美しい。白い光があたりを包み込み、五感をやんわり刺激する。室内はエレガントでコンテンポラリーなインテリアに整えられ、快適な空間だ。

しばし部屋でくつろいだら、海辺の自然の中で、海水・海藻・海泥など海の力を用いた自然療法のタラソテラピーが受けられるスパに出かける。まずは外光がたっぷり入る温海水プールで、ゆっくり体を動かす。その後、ジェット水流で筋肉の凝りや緊張を緩和したり、ミネラル豊富で保湿効果の高い海藻パックで肌に張りと潤いを取り戻す。さらに海水シャワーに包まれながらセラピストのマッサージを受け、血行とリンパの流れをよくするなど、タラソの本場ならではのメニューに挑戦したい。

ホテル内のブティックでは、タラソで使用されるフェイスやボディケア用品なども販売しているので、石鹸やキャンドルをお土産に買っていくのもいいだろう。

レストランはヘルシーでフレッシュなメニューが豊富。ことにビュッフェスタイルの朝食に、イル・ド・レ産の生牡蠣が出てきたのには感動！　朝からの充実した食事やスパ体験で思い出深い滞在になるだろう。

タラソテラピーでリラクセーション

温水プールからは、海やビーチが望める。海水マッサージやジェットシャワーで海の恵みを享受する。

ホテルの魅力1 ｜ 地元産のシーフード料理に舌鼓

ディナーはエレガントにセッティングされた1階のダイニングルームで。その日水揚げされた新鮮なタラやスズキ、舌平目などの魚料理や、ラングスティーヌ、生牡蠣など海の幸の盛り合わせ、それにフォアグラ、仔牛、仔羊などの料理が供される。

今回は、あっさりと淡白な味で低脂肪のタラやスズキを使ったココットをチョイス。魚の旨みと野菜の甘みが融合し、優しい味わいだ。柑橘類や白い花のほのかな香りに、ミネラルテイストのあるイル・ド・レ産の白ワインをマリアージュ。タラソの後のヘルシーな料理が心地よい。食事が終わり、外に出てみると、満天の星の下、潮騒が聞こえる、ロマンティックな宵だった。

(上左)外を眺めながらの朝食。夜はムードある演出で。(上右)体が喜ぶタラやスズキのヘルシーなココット。(下左)フォアグラのカカオソース、ブリオッシュ添え。(下右)食事の前後は、隣のサロンでくつろいで。

レストランデータ
㊫12:00～13:45 19:30～21:30
料金€35～
レストラン休業日
1/6-1/19

Hôtel Atalante Relais Thalasso & Spa

ホテルの魅力2 | 心身が潤うタラソテラピー

スパデータ
予約TEL:+33(0)5.46.30.22.44
㊋9:00〜19:00(日曜〜12:30まで)
海水マッサージ€115(50分)

(上左)5ヘクタールの敷地にある広々としたタラソテラピーの施設で、身も心も緩める。

(上右)海に面したテラスで、潮風に吹かれながら、読書を楽しむ。白にパステルが可愛い。

(下左)ホテル内のブティックで販売しているタラソ製品。美肌のためのバスケア用品や石鹸など。

(下右)モダンなインテリアの客室。ここでは、窓から海が見える部屋をリクエストしたい。

HOTEL DATA

パリ・モンパルナスMontparnasse駅からTGVでラ・ロシェルLa Rochelle駅まで3時間15分。駅からホテルまでタクシーで約25分。15km。帰りはタクシーをホテルで予約。
車の場合は駅からD735で島への橋を渡ったらD201に入り、サント・マリー・ド・レSainte Marie de Réに向かい、町の中心部の手前を海岸側へ。

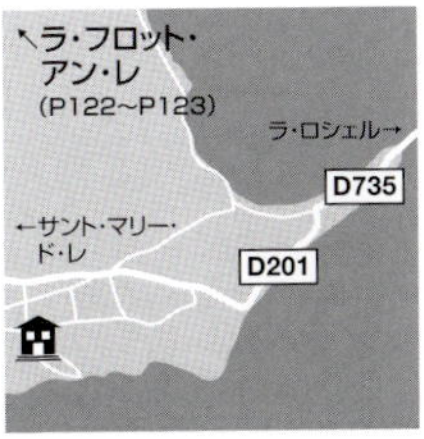

住所	Rue Port Notre-Dame 17740 Sainte-Marie-de-Ré Chante-Maritime
TEL	+33 (0) 5.46.30.22.44
FAX	+33 (0) 5.46.30.13.49
URL	http://www.relaisthalasso.com/fr
客室数	98室　一般客室96室／スイート2室
料金	一般€152〜391　スイート€365〜604

Normandie

フランスの北西部、リンゴ園や牧場が点在する
ノルマンディーのシードル街道へ。リンゴの花咲く頃に出かけ、
木骨組みの家が並ぶ可愛い村を訪ねる。

ブーヴロン・アン・オージュで
美しい村の花便り

花に囲まれた小さな村

ノルマンディーの伝統や魅力がぎゅっと詰まった麗しい村で、ロマンティックな気分に浸る。

美しい村14｜ブーヴロン・アン・オージュ

BEUVRON-EN-AUGE

ノルマンディーの美しい花の村

「花の村」にも認定された
ブーヴロン・アン・オージュ。
赤やピンクの彩りが、素朴な
家並みに新しい命を吹き込む。

フランスの北西、ノルマンディー地方のシードル街道に、驚くほど可愛い村、ブーヴロン・アン・オージュがある。ノルマンディーといえば、木骨組みのコロンバージュ様式の建物に特色があるが、この村も同様、このスタイルの民家がずらりと建ち並び、それは壮観だ。しかもこの村は、フランス全国花委員会が決める「花の村」にも認定されている。春には赤やピンク、イエローなどの鮮やかな花々が民家の軒先や窓辺を飾り、まるで絵本の世界に飛び込んだような気持ちになる。

12世紀に小さなシャトーと教会が建てられ、14世紀末にはアルクール公爵一族の所領だったが、現在は城跡が残るだけだ。メインストリートには、ノルマンディー特産のシードル（リンゴを発酵させて造るお酒）を販売する店やノルマンディー・スタイルの雑貨や食品を売る店が軒を連ね、買い物心を刺激される。素朴な中に愛らしさがあるショップのディスプレーは、感心するぐらいお洒落だ。女心をくすぐる生活雑貨や、上品なリネンや陶器を見つけたりと、ショッピング熱はさめない。

村の中ほどの広場周辺には、1ツ星レストラン「パヴェ・ドージュ」やクレープ屋などがあり、地元名物のシードルに合う料理が楽しめる。さっそく人気のクレープ屋「ラ・コロンブ・オージュ」に入り、よく冷えたシードルを飲む。リンゴの風味豊かなシードルは喉越しも爽やかで、食欲をそそられる。ジャガイモやチーズが入った素朴なガレット（そば粉のクレープ）は、こんがり焼かれておいしい。ノルマンディーのふるさとの味を噛みしめた。

食後は、リンゴ園や牧草地が美しいサンスの種馬牧場、17世紀に建てられたサン・マルタン教会やサン・ミッシェル・ド・クレモン礼拝堂を散策したい。

パリからのアクセス＆旅のヒント

リジューから車で、D613経由でD50を西へ。サン・ローラン・デュ・モン Saint Laurent du Mont 経由でD49を進む。

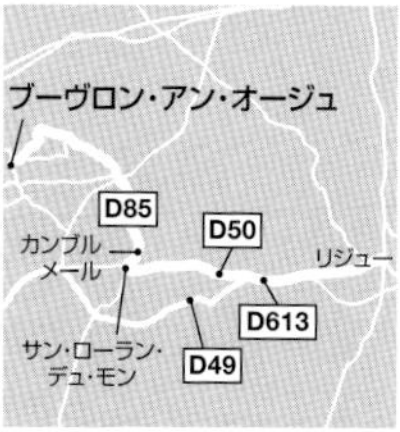

パリ・サン・ラザール Saint-Lazare駅からリジュー Lisieuxまで、列車で1時間40分。そこから車で30分。★パリからのオプショナルツアー「モンサンミッシェルとノルマンディーのいなか村」の中にはブーヴロン・アン・オージュを回るツアーもある。Emi Travel Paris
TEL：＋33(0)1.56.43.31.00（日本語問い合わせ番号）
http://www.emitravel.net/

(上左)村の中ほどにあるカフェ。コロンバージュ様式の風情ある建物。(上中)クレープ屋で、郷土料理のトリップとジャガイモの料理を。地元名物シードルを合わせて。(上右)カラフルな花々に通りも華やぐ。(中左)看板と花の組み合わせも美しい。(中中)センスのいい雑貨屋の店先。(中右)アンティークショップのショーウィンドーの置物に目が釘づけ。(下左)白の陶器ばかりを揃えたお洒落なインテリアショップ。(下右)シャンブル・ドット(民宿)のプレートも花模様。

HÔTEL DE LUXE
★★★★

Auberge de la Source

オーベルジュ・ド・ラ・スルス

リンゴの白い花が咲く時に訪れたいオーベルジュ

ブーヴロン・アン・オージュに行くなら、ぜひ泊まりたいのが、バルヌヴィル＝ラ＝ベルトランにあるオーベルジュ・ド・ラ・スルスだ。ブーヴロン・アン・オージュから車でノルマンディー高速道路を北東へ向かい、途中でD579号線に入ってエクモヴィルを目指して北上し、40分ほどで着く。ドーヴィル・ノルマンディー空港からは約5キロでタクシーでも15分強。

宿の名前のスルスは水源という意味で、母屋の前に広がる庭園には池や小さな湧き水があり、そこから流れる水音が心地よく聞こえてくる。目にしみるほど青々とした芝生、リンゴの白い花や赤いツツジ、藤の花が満開になった様子は、まるで小さな秘密の花園に迷い込んだようだ。美しい庭と、赤レンガの母屋や木組みのコロンバージュ様式の離れとのコントラストが美しい。

建物に入ると、室内もまた雑誌に出てくるようなセンスの良さで感嘆する。レセプションには、淡いピンクのバラやラナンキュラスの花と共にキャンドルが飾られている。木目を生かしたコテージ風のベッドルームには、赤と白のギンガムチェックのカーテンが掛かり、愛らしい動物のオブジェがさりげなく置いてある。

1階には、ライトグレーの家具や食器で統一された素朴な雰囲気のレストランがある。自慢は何といっても焼き菓子。リンゴをはじめ、季節の果物を使ったタルトの甘い香りに満ちている。キッチンを覗くと、シェフが笑顔で「特製のケーキ、焼きたてを食べてくださいね」とひと言。

庭に面したテラスのテーブルには、ティータイムの用意ができていた。リンゴと洋梨のタルトに、キャラメル味のマカロン、リンゴジュースにシードルとすべて地元特産のもの。甘酸っぱいその味に、ノルマンディーの大地の恵みを感じた。

花の記憶が残る
水辺の宿

池を縁どるように植えられたリンゴの木やバラ、ツツジ。庭や池を観察する親子の姿が微笑ましい。

リンゴのお菓子で夢のティータイム

おやつの時間が待ち遠しい午後。焼きたてのリンゴタルトは、素朴なおいしさ。リンゴジュースをお供に。

ホテルの魅力 | オーベルジュ特製のデザートに舌鼓

(上左)スライスしたリンゴとプラムをミックスしたタルト。リンゴの可憐な花を飾って。

(下左)コロンバージュ様式の建物や庭を眺めながら、絶品スイーツでティータイム。

(上中)1階サロンからの眺め。レンガの壁を覆う藤の花に癒やされる。

(下中)ノルマンディー産のジャムはお土産に。ラズベリーやブルーベリーなど各種。

(上右)シェフ自慢の自家製キャラメル・マカロンとチョコレートケーキも絶品!

(下右)カントリーテイストのベッドルーム。窓からは庭が見渡せ、そよ風が心地よい。

HOTEL DATA

パリ・サン・ラザールSaint-Lazare駅からドーヴィル-トゥルヴィルDeauville-Trouville駅まで2時間。駅からタクシーで約15分。オンフルールHonfleurからはタクシーで10分。

★リュクスな避暑地ドーヴィルと、印象派が愛した美しい港町オンフルールとの中間と考え、合わせていくのも楽しい。パリからは車ならA13の高速道路で2時間強。ドーヴィル・ノルマンディーDeauville-Normandy国際空港からも約5km。15分。

住所	Chemin du Moulin 14600 Barneville-la-Bertran
TEL	+33 (0) 2.31.89.25.02
FAX	+33 (0) 2.31.89.44.40
URL	http://www.auberge-de-la-source.fr/
客室数	15室　一般客室14室/スイート1室
料金	一般€115~265　スイート€195~260 朝食€15　夕食€39

★ホテルの予約はP173参照

ブルゴーニュ、ワインの聖地

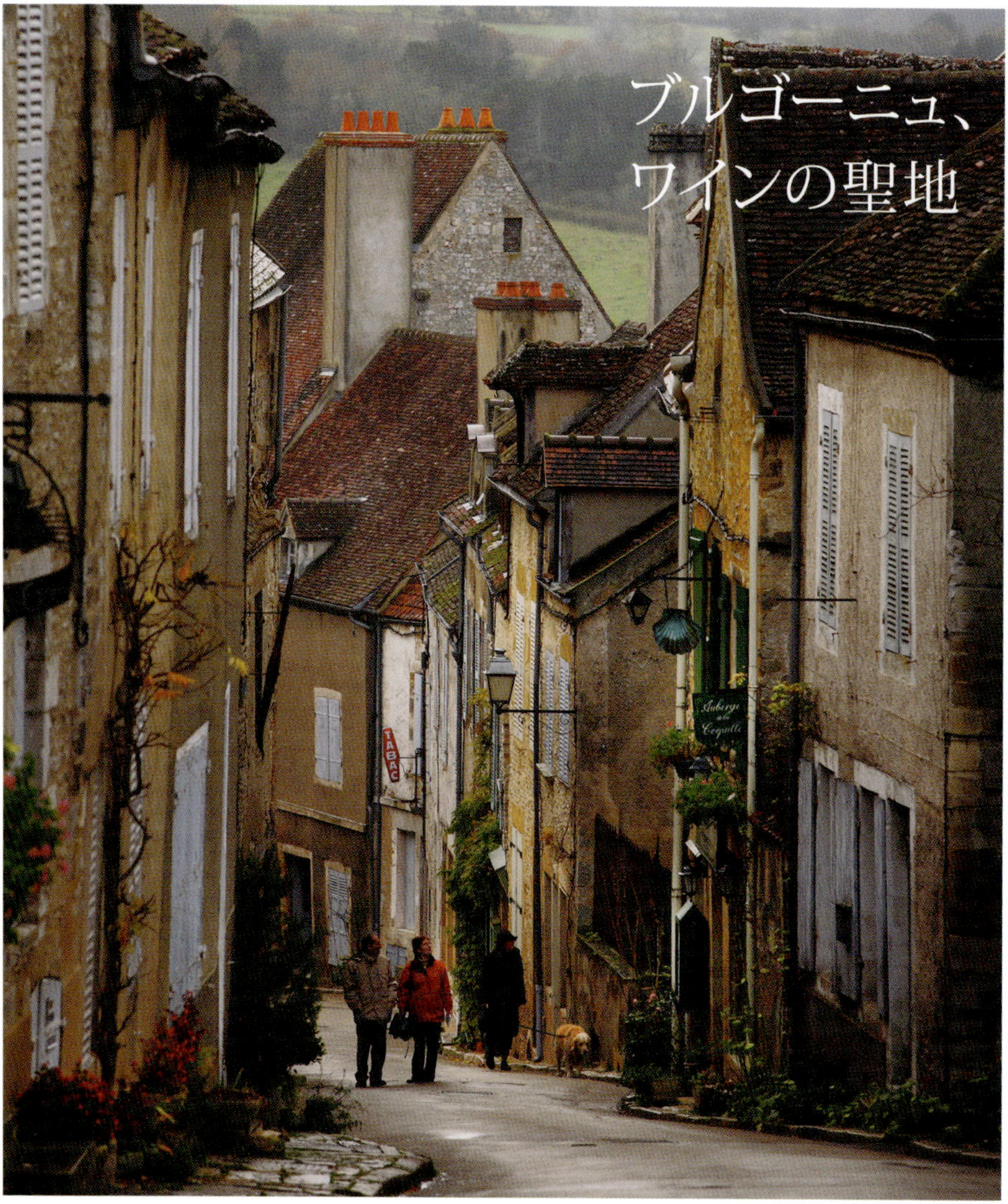

Bourgogne

フランスの東部、美食の地、銘醸ワインの地として知られるブルゴーニュ地方。美しく肥沃な土地に点在するロマネスク建築にも心奪われる。

栄光の丘に建つ
ロマネスクの聖堂

丘に続く坂道を上っていくと、サント・マドレーヌ聖堂の堂々たる姿が見えてくる。

美しい村 15 | ヴェズレー

VÉZELAY

ロマネスク聖堂のある村

世界遺産に登録されている、
巡礼始まりの丘や、ロマネスク様式の
サント・マドレーヌ聖堂を巡り、
いにしえからの巡礼の道を歩く。

フランスの中心よりやや東に位置するブルゴーニュは、かつてブルゴーニュ公国として、フランスの政治や文化を担った黄金時代を築いた。美食の誉れ高く、世界的に有名なブルゴーニュ・ワインの生産地として名高い。また、大小１００ものロマネスク教会が各地に散らばり、ロマネスク建築の宝庫としても魅力にあふれている。

晩秋に、そのロマネスクの聖堂があるヴェズレーの村を訪れた。ヴェズレーはサンティアゴ・デ・コンポステーラへの巡礼路の始点のひとつで、始点の丘とその上に建つサント・マドレーヌ聖堂は、共にユネスコの世界遺産に登録されている。牛が草を食《は》む牧草地を通りながら丘に向かうと、遥か彼方にサント・マドレーヌ聖堂のシルエットが見えてくる。車は丘の麓までしか入れず、そこからは徒歩で坂道を上っていく。道の両脇には、カフェや土産物屋などがある。

聖堂は9世紀に建立され、12世紀にはマグダラのマリア、つまりサント・マドレーヌの聖遺物を納める聖地として、ブルゴーニュ公ユーグ２世をはじめ、多くの巡礼者たちが押し寄せ、栄光の時代を築いた。しかし、１２７９年に聖遺物が南仏のサン・マクシマン教会にあることが露見し、聖堂は一時衰退してしまう。

その頃に造られた、ナルテックス（玄関間）にあるタンパン（扉口の上部の半円部分）や柱頭彫刻は、ロマネスクの傑作として知られる。

広い堂内は仄暗《ほのぐら》く、天井のアーチが壮麗で、無限の力を秘めたような空気に満たされている。装飾を施した数々の柱頭が、聖書や神話の世界を雄弁に物語っていた。

村には、巡礼の道標となるホタテ貝の印がそこここにさりげなく残り、栄光の時代の面影をとどめている。

パリからのアクセス＆旅のヒント

モンバールから車で、D980でスミュール・アン・オーソワSemur en Auxoisまで南下。そこからD70で西へ向かい、アヴァヨンAvallonを経由してD957に入る。所要時間約1時間。

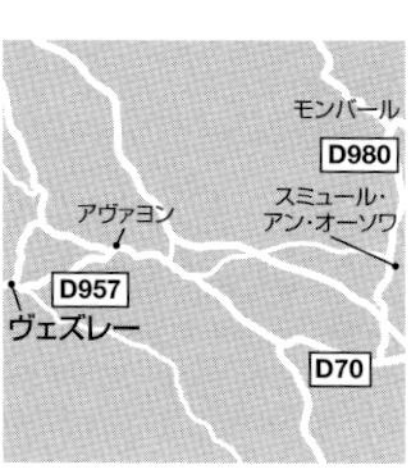

パリ・ベルシーBercy駅からTERで、セルミゼル・ヴェズレーSermizelles-Vézelay駅まで約2時間45分。そこからナヴェットNavetteバスの、ヴェズレーVézelay行きで約15分。本数が少ないので、事前によくチェックすることをおすすめする。

巡礼の道はヴェズレーの丘から始まる

(上左)もとは修道院の医務室だったという趣のあるカフェで、ひと休み。中世にタイムスリップしたような空間。

(下左)情緒たっぷりのカフェ。窓辺に置かれたクラシックなコーヒーポットがゆかしい。巡礼の話など聞くのも興味深い。

(上中)昔は巡礼者を受け入れる宿や食堂にホタテ貝の看板が掲げられていた。ホタテは、聖ヤコブのシンボル。

(下中)丘の麓にあるレストラン。ブルゴーニュの特上牛シャロレーのステーキ、ヤギのチーズのサラダがおすすめ。

(上右)サント・マドレーヌ聖堂の正面の中央柱の彫像。堂内の柱には約100の柱頭彫像が施されていて、必見。

(下右)道路にはめ込まれた巡礼の道標となるホタテ貝。中世の巡礼者のように、このホタテ貝に導かれて村を歩く。

オズラン川流域の
丘の上にある静かな村で、
アニス・キャンディ発祥の地
であり、映画『ショコラ』の
舞台になった地を訪ねる。

美しい村16 | フラヴィニー・シュル・オズラン

FLAVIGNY-SUR-OZERAIN

修道院キャンディのふるさと

小高い丘の上にあるフラヴィニー・シュル・オズランは、ブルゴーニュ公国の首都として栄えたディジョンから北西に60キロのところにある。周囲はブドウ畑や森に囲まれ、並木道が遥かな空との地平線まで続く雄大な眺めだ。ブルゴーニュの豊かさを実感する。村に到着すると、厳かな教会の鐘の音が聞こえてきた。この地は、紀元前52年頃、後のローマ皇帝カエサルがガリア軍と戦って勝利した際に、臣下のフラヴィニウスに褒美として与えたことから、彼の名前にちなみフラヴィニーと呼ばれるようになったという。

この村を有名にしたのは、フランスだけでなく世界各地で販売されている「アニス・ド・フラヴィニー」というキャンディだ。アニスの種を砂糖でなめらかにくるんだ小さなドラジェ(糖衣菓子)で、これが村の修道院跡の製造所で作られている。このアニス・キャンディの歴史を知ることは、修道院と村の歴史を知ることでもある。アニス・キャンディ発祥の地としても名高いベネディクト派のサン・ピエール・ド・フラヴィニー修道院付属教会（P141の写真）が建設されたのは8世紀。16世紀にこの修道院でアニスが薬として用いられるようになり、やがて砂糖でくるまれたアニス・ドラジェに発展した。これが当時のブルボン朝の宮廷女性たちの間で大評判となる。しかし、フランス革命後は教会の施設の大半が壊されてしまう。その後19世紀に、このお菓子の製法と伝統を地元の製造業者が受け継ぎ、現在でも名産品として名高い。

さらにこの村はジュリエット・ビノシュとジョニー・デップ主演の映画『ショコラ』の舞台になったことでも有名だ。素朴な石造りの街のそこかしこに聖母子像や十字架が飾られ、街全体が何かに守られているような温もりを感じた。

パリからのアクセス＆旅のヒント

パリ・リヨンLyon駅からディジョンDijonまでTGVで1時間半。ディジョンから車で、A38、D9でソンベルノンSombernonに入り、D905で北西に向かう。約1時間。

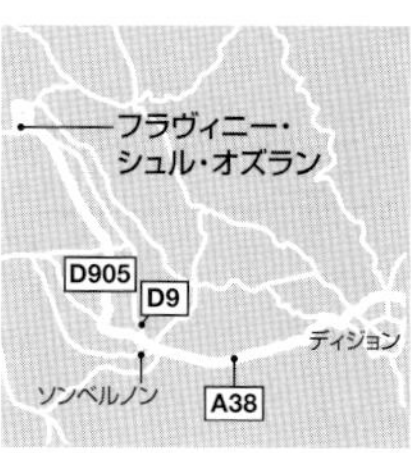

パリ・ベルシーBercy駅からTERでレ・ローム・アレジアLes Laumes Alésia駅まで約2時間30分。そこからタクシーで8km。
Les Laumes Alésiaでのタクシー
（要予約）
Taxis AUVERT
TEL：+33（0）3. 80.96.12.69
Taxis TERRILLON
TEL：+33（0）3. 80.96.02.81

豊かな自然の中で、郷土料理を味わう

サン・ピエール修道院の地下室や、サン・ジュネ小教区教会、アニス工場などを散策したあとは、この村ならではのグルメを楽しみたい。おすすめは、サン・ジュネ小教区教会のある広場に面するオーベルジュ、ラ・グランジュ(La Grange)。ラ・グランジュは、農家の奥さんたちが納屋を利用して始めた食堂。仄暗い店の奥では、暖炉の薪がぱちぱちと音を立てて燃えており、歩き疲れた旅人を優しく迎え入れてくれる。ブルゴーニュの郷土料理、牛肉赤ワイン煮込みのブッフ・ブルギニヨンを食べた。よく煮込んだ肉は柔らかく、赤ワインが染み込んで素朴においしい。この地方で食べるなら、同じく赤ワインを使った鶏料理のコック・オ・ヴァンや卵料理のウフ・アン・ムーレットなども味わってみたい。またこのレストランでは昔ながらの細長い箱のアニス・キャンディが売っており、ぜひお土産にしたい。

(上左)村歩きを楽しむ老夫婦は、巡礼者のよう。(上中)サン・ジュネ小教区教会の尖塔が見える。(上右)アニス・キャンディ屋の看板。(中左)アニス・キャンディは、昔ながらの細い箱入りと缶入りがある。ローズやミント、バイオレットなど約10種類のフレーバー。(中中)アニス・キャンディの製作所の看板。(中右)カフェ・バーの矢印があったが、オフシーズンでクローズしていた。(下左)ブルゴーニュの郷土料理、牛肉の赤ワイン煮込みのブッフ・ブルギニヨンは、ジャガイモやニンジンもたっぷり。(下右)修道院地下聖堂には、カロリング朝時代の柱が残っている。

ヴェズレーやシャブリの近くに位置し、スラン川流域にある城壁に囲まれた村。中世の面影が色濃く残る地で、グルメ&スケッチ散策を楽しむ。

美しい村17 | ノワイエ・シュル・スラン

NOYERS-SUR-SEREIN

美食と、スケッチ旅行に出かけたくなる

ブルゴーニュの辛口白ワインで知られるシャブリから南へ約20キロのところに、ノワイエ・シュル・スランという小さな村がある。スラン川の畔に形成されたこの村は、12世紀から15世紀にかけて堅牢な城壁やいくつものドンジョン（主塔）が造られ、ノワイエの領主が権勢をふるっていた。16世紀末に、アンリ4世によって城砦の取り壊しの命が下されたが、今も城壁の一部は残され、その中に中世から時が止まったままのような佇まいの村が残されていた。

　入り口のアヴァロン門をくぐり中に入ると、石畳の小道が続き、木骨組の古風な建物が立ち並ぶ。石壁や柱には人の顔などの木彫の彫刻が施され、それを見て歩いているだけでも楽しい。民家や店の窓辺や古い井戸の周りには、白や赤、紫、ピンクの草花が咲き誇り、風景に彩りを添えていた。小さな村で、1時間もあれば回れる。

ナイーヴ・アート（素朴派）のコレクションがあるノワイエ美術館を訪れたり、陶器工房の店に立ち寄ってみたい。どこも可愛い看板が掛かり、素朴な作品に出合い、ほのぼのとした気分になってくる。

　村にはマルシェ（市場）が立ち、野菜や肉、魚のほか、雑貨などを売る露店も出て、住人たちが日々の買い物をしていく。その中に交じって、ブルゴーニュの食材に触れるのもいい。また、11月には「トリュフ祭」があり、香りの良いトリュフが出回るので、それを目的に来るのもよいだろう。

　城壁の外は川沿いにプラタナスの大きな木が茂り、並木の間から円錐形の屋根のドンジョンが見え隠れし、独特の風情がある。周辺にはブドウ畑と胡桃の木、さくらんぼの木などが植えられていて、田舎の豊かさがひしひしと感じられる。思わず旅のスケッチを描いてみたくなった。

パリからのアクセス & 旅のヒント

トネールTonnerre駅から車の場合は、D944でイルーエールYrouerreに向かい、イルーエールを通過したらD86で南下。所要時間約30分。約20km。

パリ・リヨンLyon駅からトネールTonnerre駅まで、電車で1時間50分。駅からバスで、5番のトラン・ヨンヌTrans Yonne方面へ40分。タクシーの場合は約20kmで、約30分。

(上左)村人の暮らしに触れられる路地裏。のどかな午後のひととき。(上中)歴史を感じさせる木骨組みの古い建物が多く残る。(上右)国旗が翻る村役場は、住民の憩いの場。(中左)ノワイエ美術館のキュートな看板。素朴派アートとノワイエのアーティストの作品を展示。(中中)スラン川の畔にある村の城壁とドンジョン。まるで中世のような佇まい。(中右)力強い梁が見事な木骨組みの建物は13世紀のものもある。可憐な鉢植えの小花がよく似合う。(下左)パープル系の色使いが素朴で温かみのある陶器屋の建物。(下右)仔豚がユーモラスな陶器屋の看板。

ブルゴーニュの名物料理とワインに酔いしれる!

村の中で、ひときわ活気があるのがシャルキュトリー（豚肉加工製品を扱う店）とレストランを経営する「メゾン・パイヨ」。店頭にグリュイエールチーズが練り込まれたシューのグジェールやパセリと豚肉のゼリー寄せのジャンボン・ペルシエなどが並べられ、食欲をそそられる。

店の裏側にあるレストランのテラス席で、エスカルゴのパイやクリーミーなチーズ、エポワースを賞味。お酒はブルゴーニュで唯一のソーヴィニヨン・ブランのワイン、サン・ブリを。ニンニクとバターが香ばしいエスカルゴと、キレのある酸が特徴の黄金色のワインで上機嫌になる。

(左)地元で愛されるブルゴーニュの名物料理、グジェールやエポワースのタルト。(右)古民家に囲まれたテラスでのランチは、最高の気分！

ショップ＆レストランデータ
Maison Paillot
住所：14 Place de l'Hôtel de Ville 89310 Noyers sur Serein
TEL：+33(0)3.86.82.82.16
URL：http://maison-paillot.com/
レストラン
Le Restaurant Les Millésimes
12:00～14:30、19:00～21:30
㈭月曜、日曜の夜
12/25、12/31

(上左)天気のいい日には、石畳の小路にテーブルや椅子が運ばれ、テラスでランチ。(上中)鮮やかなグリーンのソースが添えられたエスカルゴのパイ包み。(上右)バラや小花が咲き乱れる小路。(中左)店で販売されているエポワースのタルト。(中中)「メゾン・パイヨ」の建物も古い造り。(中右)木の梁の天井や暖炉が温かな雰囲気の「メゾン・パイヨ」のレストラン。(下左)シャルキュトリーのショーウィンドーには、地元で採れるカシスのジャムやマスタードなども陳列。(下右)白ワインに合うブルゴーニュの郷土料理、グジェールは特別のおいしさ！

HÔTEL DE LUXE
★★★★

Hôtel du Vieux Moulin

オテル・デュ・ヴュー・ムラン

シャブリのブドウ畑とスラン川に囲まれた美宿

スラン川の畔にあるノワイエ・シュル・スランから約20キロ北上したところに、辛口の白ワインの王様として世界的に有名なシャブリの村がある。ノワイエを訪れたら、ぜひシャブリにも足を延ばし、オテル・デュ・ヴュー・ムランに泊まりたい。ホテルはシャブリで最も歴史のあるワイナリーのひとつ、「ドメーヌ・ラロッシュ」と同経営で、ワイナリーの真向かいに位置する。

18世紀の粉挽きの風車小屋を改装したホテルは、スラン川をまたぐような形で建てられている。1階にはレストランがあり、到着すると客室がある2階に案内される。2階には白い木の梁の天井や柱、石壁に囲まれた明るいサロンがあり、ベージュやブラウンのソファやテーブルが配され、ナチュラルでコンテンポラリーな内装が心地よい。また、朝食用のダイニングも併設。大きなガラス窓の外にはテラスがあり、そこからグラン・クリュのブドウ畑が真近に眺められ、ワクワクした気分になる。

7つの客室はひとつひとつ間取りやインテリアが異なる。木の床と白い壁や天井に囲まれたベッドルームは、シンプル清潔感溢れる印象。真っ白なベッドリネンに、オーナーが世界各地で見つけてきたモノトーンのオブジェやファブリックが配され、ゲストを優しく包み込んでくれる。

客室でゆっくりくつろいだ後は、ワイナリーやブドウ畑の見学に出かけたい。ホテルにあらかじめ依頼しておくと、これらの見学をアレンジしてくれる。

ことに1850年創業の「ドメーヌ・ラロッシュ」は、かつてシトー会の修道僧たちが造ってきたワイン醸造の伝統と経験を受け継ぎ、上質なシャブリを育てることに情熱を注いできた。この地のミネラル系の土壌を生かした辛口ワインが素晴らしく、ぜひ、試飲を楽しみたい。

シャブリを
満喫する宿

名門ワイナリーと同経営で、ワイナリーやブドウ畑の見学もできるホテルに宿泊し、ワインと美食を堪能。

ホテルの魅力1 | 一流の腕前を持つ日本人シェフのネオビストロ

(左)タルト・オ・シトロン風味のデザートや、ハーブのグラニテ・サバイヨン添えは繊細な味。(右)仔羊のローストと野生のアスパラガス、ニンジンのピュレ添え。

1階には、２０１４年に新レストラン「オ・フィル・デュ・ザング」が入居。パリの「ラトリエ・ドゥ・ジョエル・ロブション」や3ツ星の「ル・ムーリス」などのレストランで腕を磨いた日本人の若手シェフ、永浜良さんと、同じく「ロブション」や「ピエール・エルメ」で働いてきた妻でパティシエのヴァネッサさん、レストランのサービス経験が豊富なファビアンさんが経営する。２０１５年、ミシュランのビブグルマンを獲得した。伝統的なフランス料理を若々しい感覚と卓越した技術でアレンジした、ネオ・ビストロを目指している。仔羊のモモ肉ローストやタラのシャブリ風味などは、どれも爽やかな刺激とリッチな旨みがある。シャブリワインの種類も豊富だ。

レストランデータ
Au Fil du Zinc
住所：18 rue des Moulins
89800 Chablis
TEL：+33(0)3.86.33.96.39
URL：http://www.restaurant-chablis.fr/
12:00～14:15 19:15～21:30
㉁火曜、水曜

ホテルの魅力2 | 王道シャブリと気鋭の日本人シェフの料理のマリアージュ

(上左)ホテルから車で10分、シャブリの畑に到着。シャブリの村が見渡せる。

(下左)ホテル近くの「ラロッシュ」のお店では、ブルゴーニュワインを試飲できる。

(上中)レストランから清流のスラン川を望みながら飲むシャブリは、格別の味。

(下中)シェフの永浜良さん、妻でパティシエのヴァネッサさん、友人ファビアンさん。

(上右)メインのタラの料理。旬の野菜とともに。アクセントにアイオリを添えて。

(下右)2階の客室は白やベージュの壁と木の床に囲まれ、心落ち着くインテリア。

HOTEL DATA

パリ・リヨンLyon駅からオーセールAuxerre駅まで列車で1時間40分。駅前からタクシーで約20分。

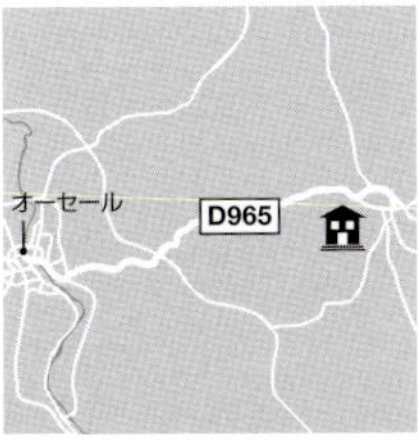

住所	18 rue des Moulins 89800 Chablis
TEL	+33 (0) 3.86.42.47.30
FAX	+33 (0) 3.86.42.84.44
URL	http://www.larochewines.com/ja/hoterudeyuvuyumuran
客室数	7室
料金	一般€125～245

アルザスで出合う
絵本の中の世界

Alsace

フランスの東部、ドイツとの国境近くにあるアルザス。
ワイン街道に点在する村は、春と夏は季節の花、
秋はブドウ畑の紅葉、冬はクリスマス風景に彩られ、まるで
絵本から抜け出てきたよう。おとぎ話の世界を楽しみたい。

美しい村18｜エギスハイム

EGUISHEIM

木組みの家のおとぎの国

木組みとパステルカラーの壁の建物が
軒を連ねる愛らしい村。12月には
クリスマス・マーケットが華やかに村を彩る。
伝統を受け継いだ本物のクリスマスを満喫！

アルザスのコルマールから、約5キロ南西に下ったところに、エギスハイムという可愛い村がある。13世紀に造られた要塞の内側に、エギスハイム城を中心に渦巻き状に村が成り立っている。ローズピンクやカナリアイエローといったカラフルな壁や窓枠をもつ木骨のコロンバージュ様式の家々が並ぶ様は、まるでおとぎの国のようである。

この村は、4世紀にローマ人が初めてブドウの苗を植えた地で、ここがアルザスワイン発祥の地だそうだ。また、11世紀にローマ教皇を務めた聖レオン9世（元エギスハイム伯爵）の生誕した地でもあり、広場の泉には聖レオン9世の彫像が立っていた。さらに、「花の村」にも認定されていて、1989年以来、花のナショナル・グランプリで最優秀賞を受賞している。春や夏に訪れたら、可憐な花々に彩られた村の美しさに魅了されるだろう。

だが、私はあえて冬の時期にエギスハイムを訪れた。この村のマルシェ・ド・ノエル（クリスマス・マーケット）を覗いてみたかったからだ。アルザスの中心都市で世界遺産の街、ストラスブールのクリスマス・マーケットも素晴らしいが、こんなに小さくて可愛い村のクリスマスなら、もっと素敵に違いない。

イメージしたとおり、村の広場や迷路のような小道に建つ家々は皆、愛らしいクリスマスのデコレーションが飾られ、メルヘンの世界に迷い込んだようである。

レンガと石造りの村は、底冷えする寒さだが、冬ならではの趣があった。まずはホットワインで温まり、小道に面するレストランでランチをとる。アルザスの郷土料理、薄いピザのようなタルト・フランベは、窯焼きのシンプルな料理でぱりっと香ばしい。ノスタルジックな冬の味わいに、心まで温かくなった。

パリからのアクセス＆旅のヒント

ストラスブールから車で、高速道路A35を南下し、コルマールを通過。サント・クロワ・アン・プレンヌSainte-Croix-en-Plaineで下り、D1に入ってエギスハイムEguisheimに向かう。所要時間約1時間。

パリ・東駅からTGVでコルマールColmar駅まで約2時間20分。コルマールの駅からバスで、村まで約40分（ただし、日曜は運行していない）。タクシーで15分。

(上左)オーベルジュの看板もメルヘンティック。(上中)村の中心の広場に面するレストランからの眺め。泉と聖レオン９世の像が目に入る。(上右)愛らしく個性的な風情の民家が並ぶ石畳の小道を歩く。(中左)サンタやクリスマスの飾りがあちこちに。(中中)聖レオン９世の礼拝堂。(中右)礼拝堂の内装は多色使いのネオ・ロマネスク様式。(下)カラフルな木組みの建物。ワイナリーの数も多い。

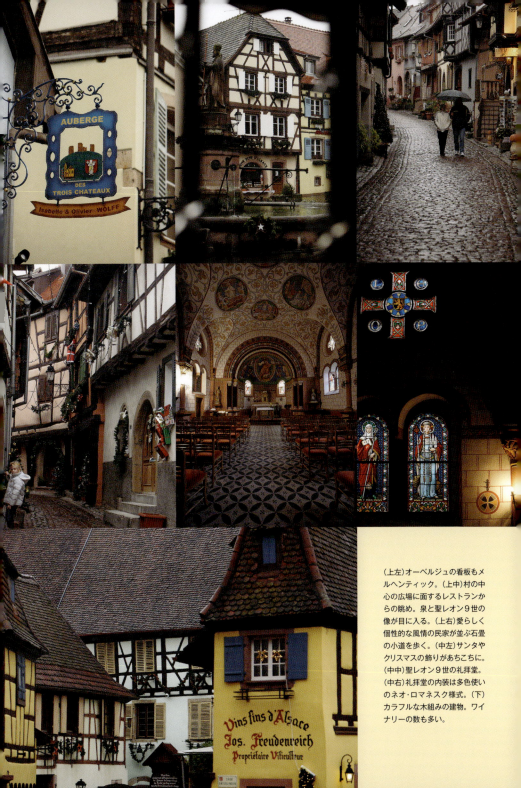

愛らしいクリスマスの飾りがいっぱい！

アルザスはクリスマス・ツリー発祥の地で、1521年頃からモミの木や枝を使用したツリーの記録が残っているそうである。サンタクロースは、フランス語でペール・ノエルと言い、聖人のサン・ニコラ（聖ニコラウス）がモデルになっているという。儀式としては、クリスマス、つまりキリスト誕生（降誕祭）の4つ前の日曜日からクリスマスを準備する期間（待降節）がある。この時期はクリスマス・リースのほか、クレッシュと呼ばれるキリスト誕生の場面を表す馬小屋の飾りなどが、アルザスの村中で飾られる。

クリスマス・マーケットでは、クリスマスの祝宴に食べるフォアグラやクリスマス菓子のブレデル、パンデピス、キャンドル、プレゼント用の雑貨なども売られ、村が一番、華やぐ季節となる。ひとつひとつを見ながら歩くのも楽しい。

(上左)クリスマス・マーケットでは、オーナメントやクリスマス菓子などを販売。(上中)待降節に飾るクリスマス・リースはモミの木の枝で。(上右)ハート形のオーナメントが愛らしい。(中左)アルプス名物のタルト・フランベは、薄いピザのようで美味。(中中)クリスマスのご馳走のサラミなどを売る店員。(中右)礼拝堂前のツリーとステンドグラスが美しい。(下左)軒下に飾られたクレッシュ(キリスト誕生の場面のミニチュア)。(下右)幼子イエスなどの手作りモチーフも素朴な可愛さ。

美しい村19 | リクヴィール

RIQUEWIHR

アルザスの真珠と称される魅惑の村

アルザスのワイン街道で、絶大な人気を誇るリクヴィール。中世の城壁に囲まれたメルヘンティックな風景とブドウ畑が連なる丘の景観に、心を奪われる。

コルマールから約16キロ北上したところにあるリクヴィールは、アルザスで最も絵になる村のひとつとして、旅行者に人気が高い。

この村は6世紀にすでに古代ローマ人によって支配されていた。1269年に、ハプスブルク家出身の神聖ローマ皇帝ルドルフ1世が城を築き、1291年にホルブルク公に授与。14世紀にヴュルテンベルク公の所領になる。やがて、フランス革命後の1796年に、フランスに併合された。

城壁に囲まれた村の入り口には、オテル・ド・ヴィル（村役場）があり、村の真ん中を東西にメインストリートのジェネラル・ド・ゴール通りが延びる。通りの両側には、コバルトブルーや若草色、ローズピンクなどカラフルな壁と木骨のコロンバージュ様式の建物が軒を連ね、色鮮やかな景観が楽しめる。この通りにはアルザスのパン、プレッツェルを売る店やクリスマスグッズの専門店「フェリー・ド・ノエル」、ワイナリー、レストランなどが並び、旅情たっぷりだ。メインストリートと交差する路地にもメルヘン調の看板が掛かるホテルや刃物屋、アルザスの郷土料理のレストランなど風情あるお店が立ち並ぶ。15世紀から18世紀に建てられた美しい家々や中庭もよく手入れされており、村全体が華やかな印象だ。

村の見どころは、アルザスの民族や風景を描いた風刺画家ハンジ（Hansi）の家だった美術館、ドルデの見張りの塔（歴史博物館）、14世紀に建てられた盗人の塔（村の牢獄だったところ）など多様だ。ぜひ、リクヴィールの歴史に触れてみよう。

時間が許すなら、村役場前から、プチ・トラン（ミニ・トレイン）に乗ってみたい。城壁の外周を回り、ブドウ畑の丘に上れば、村全体の牧歌的な風景が楽しめる。

パリからのアクセス＆旅のヒント

コルマールから車で、インガースハイムIngersheimに向かい、そこからD10でベネヴィヒルBennwihrへ。D18でさらに北上。約30分。★ストラスブールからは、ミッテルベルグハイム、リボーヴィレ、リクヴィールを回るアルザスワイン街道ツアーなどがある。http://www.veltra.com/jp/europe/france/france_other/a/103561

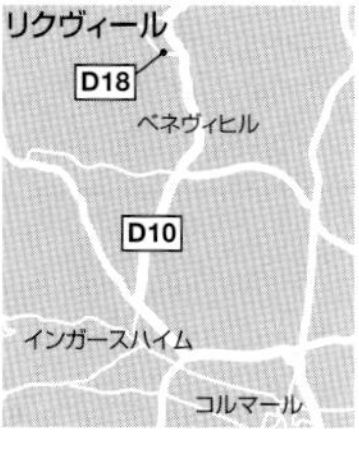

パリ・東駅からTGVでコルマールColmarまで約2時間20分。コルマール駅から106番のバスで30～40分（月曜日は途中のリボーヴィレRibeauvilléを通らないため早い）。タクシーで駅から約30分。リクヴィールからのタクシーは観光案内所などで頼めるが、予約しておくほうがよい。

(上左)ブドウ畑に囲まれたリクヴィール。突き出た塔は、ドルデの見張りの塔。(上右)青色が鮮やかな刃物屋の看板。(中左)クリスマスグッズ・ショップ「フェリー・ド・ノエル」のコウノトリの飾り。(中中)赤と白のギンガムチェックのクロスが掛かるレストラン「ア・ラ・グラップ・ドール」。(中右)薄黄色の壁に藤色の花やツタの緑が映えるプチ・ホテル。(下左)可愛い看板が掛かる路地の先には斜面のブドウ畑が見え、絵になる光景。(下右)家の柱に彫りが施された中世の邸宅。

美しい村20 | ウナヴィール

HUNAWIHR

有名風刺画家が描いた村

風刺画家ハンジが描いた
ワイン街道の小さな村ウナヴィール。
あまたのブドウ畑を抜けて、
アルザスの田舎を満喫する。

アルザス・ワイン街道で、大変人気のある村、リクヴィールとリボーヴィレの中間に位置するのがウナヴィールだ。どちらかと言えば控えめな村なのだが、ブドウ畑に囲まれ、小高い丘の上に教会がある村の佇まいは風情があり、アルザスの著名な風刺画家、ハンジの絵の題材にもなっている。

ハンジはコルマールの出身で、当時アルザスはドイツに占領されていたが、フランスに愛着を持っていたハンジは、アルザスの民族衣装を着た可愛い女の子達の絵や『アルザスの歴史』『私の村』といった水彩画を描いている。牧歌的な絵の中に、反ドイツ的な風刺を込めて描いていたそうだ。特に1940年作の『ウナヴィールの村』という作品は名高い。この村の素朴な風景を見ると、ついハンジの絵に重ね合わせてしまうのは私だけだろうか。

私が訪れたときは真冬で、ブドウの木もすっかり葉が落ちていた。畑の向こうには、細長い尖塔を持つ教会が見え、アルザスのコロンバージュ様式の家々が点在する田園の風景が目の前に広がっていく。

ウナヴィールの名前は、7世紀に村の貧しい人たちに貢献した洗濯女の聖ユナ（Huna）に由来する。彼女の夫は、領主のユノンだ。村の中には、昔の洗濯場や泉がある。かつて、ブドウの不作のときに、聖ユナが泉の水をワインに変えたという伝説が残るそうだ。

この村は、「花の村」にも認定されていて、春や夏のシーズンには、泉の周辺や建物がピンクや赤の花の飾りで賑わい、ことのほか美しい。

そんな暖かい季節には、コウノトリの保護センターにも行ってみたい。コウノトリはアルザスのシンボル的存在で、幸せを運ぶと言われている。コウノトリをモチーフにした可愛い土産物を買い、幸運にあやかりたい。

パリからのアクセス＆旅のヒント

ストラスブールから車で、高速道路A35を南下し、コルマール方面に向かう。途中でD106に折れ、リボーヴィレRibeauvilléを経由していく。所要時間約50分。

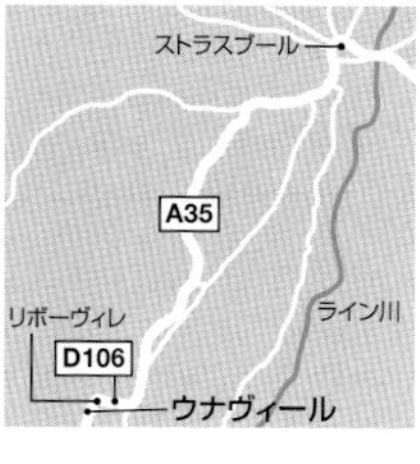

パリ・東駅からTGVでコルマールColmar駅まで約2時間20分。コルマールからバス106番で、村まで40分（バスの停留所は、ルート・デュ・ヴァンRoute du Vinにある）。

風刺画家、ハンジの世界を歩く

丘の上の教会、ヴィンステュブ（ビストロ）、木組みの家……アルザスの風刺画家、ハンジが描いたままのウナヴィールの風景。

美しい村 21 | ミッテルベルグハイム

MITTELBERGHEIM

1000年近くの歴史あるワインの村

ストラスブールから南西に約40キロの、
ワインの村ミッテルベルグハイム。
ワインの歴史を知り、
人気ワイナリーを訪れたい。

ストラスブールとコルマールの中間に位置するミッテルベルグハイム。この村は9世紀頃に形成され、17〜18世紀からブドウの栽培地として存続してきたという。周囲は広いブドウ畑に囲まれていた。

主要な見どころはほぼメインストリートに集まっている。ルネサンス様式の建物の市役所の隣には16世紀に造られた井戸、12世紀のサン・テティエンヌ礼拝堂を起源に持つプロテスタントの教会、その向かい側には1893年に建設されたカトリックの教会が建つ。また、村には、1739年製造のブドウの圧搾機や18世紀に作られたオイルの風車などが保存され、村全体がまるでアルザスワインの歴史博物館のようだ。

訪れたのが冬で、多少、寂しい印象もあったが、初夏には、煌めく光の中でブドウの葉が生き生きと育ち、明るいエネルギーが村を包み込んでいることだろう。

アルザスで泊まったホテルで、ミッテルベルグハイムに行ったらぜひ、とすすめられたワイナリーが、「ドメーヌ・ルーカス&アンドレ・リーフェル」だ。自然派ワインで、大変注目を浴びている。アルザスワインは、リースリング、ゲヴェルツトラミネール、ミュスカ、ピノ・ノワール、ピノ・グリ、ピノ・ブラン、シルヴァネールなどの品種のブドウから造られるが、ここで注目したいのが、「シルヴァネール」。このワイナリーは、「リーフェル・シルヴァネール・グランクリュ・ゾッツェンベルク」という希少なワインを造ることで知られている。村がひっそりと静かな冬でも、ワイナリーは試飲に来たお客さんたちで盛り上がっていた。シルヴァネールから造られた白ワインは、果実と古木がもたらすパワーが感じられる複雑な味わいだ。こんなところに宝石が隠されているとは……アルザスの奥深さに触れた。

パリからのアクセス & 旅のヒント

レンタカーを借りる場合はコルマールColmarから。コルマールへはパリ・東駅からTGVで約2時間20分。コルマールから車で、セレスタSélestat方面に北上し、A35をさらに北上(13番の出口まで)。所要時間35分。

パリ・東駅からストラスブールStrasbourg駅まで、約1時間50分。乗り換えてバールBarr駅まで約40分。そこから徒歩で約20分。★ミッテルベルグハイム、リボーヴィレ、リクヴィールを回るアルザスワイン街道ツアーはP158参照。

(上左)村の中心に建つ教会の尖塔が見える。(上中)昔のブドウ収穫時期を描いた中世風の絵が掛けられたワイン・ディスプレー。(上右)ヴィンステュブ(ビストロ)などが並ぶ通り。(中左)シルヴァネールのワインは、辛口でミネラル感が高い。(中中)ドメーヌ・ルーカス&アンドレ・リーフェルのカーヴ。(中右)アルザスワインの表示があるワイナリー。(下左)老舗のワイン醸造元の看板。(下右)自然派ワインで人気のドメーヌ・ルーカス&アンドレ・リーフェルでのデギュスタシオン(試飲)風景。みんな真剣な面持ちで、各種のアルザスワインを味わっている。シルヴァネールやリースリング、ピノ・ブランなど味わい深い。

HÔTEL DE LUXE ★★★★

Hostellerie des Châteaux & Spa

オステルリー・デ・シャトー＆スパ

シェフ一家の美食のもてなしと森の癒やしのスパ

アルザスの美しい村々を訪れるときに泊まりたいのが、ワイン街道沿いのオットロットにあるオステルリー・デ・シャトー＆スパだ。ここは、アルザス出身のシェットゼル家のシェフ夫妻と娘のオーレリーさんがもてなす美食の宿。そして、アルザスで一、二を誇る充実したスパがあることでも知られる。

シェフのエルネスト氏とマダムのサビーヌさんは、両親が経営していた6室の宿の経営を受け継ぎ、１９７８年にアルザスの伝統的なガストロノミーを出すレストランをオープンした。

さらにゲストに心からくつろいでもらいたいと、広大な森に囲まれた１０００平方メートルの敷地に、本格的なスパを開設。美食とリラックス効果を生むスパという2本立てが功を奏し、今では66室の客室を持つ一大オステルリーに発展している。

鮮やかな山吹色の壁に、瓦屋根のホテルの建物は、17世紀の領主の館を改装したもの。室内にはゴシック様式のステンドグラスや、アルザスの寄木細工絵画の創始者スピンドレールの作品が配されるなど、そこかしこに古き良き時代の上質な暮らしが遺されている。

もみの木の天井や壁に囲まれた客室は、木のぬくもりが感じられ、ほっと落ち着く。インテリアは年々少しずつ手が加えられ、モダンな家具やリネンも入れられて、調和のとれたしつらえになっている。

食事は本格的な郷土料理が味わえる「ル・ガストロミー」、モダンな軽食の「ル・コントワール・デュ・シャトー」、テラス席の「ラ・テラス・デュ・シャトー」の３つのダイニングがある。また、お酒とシガーが楽しめる「バー＆シガール・ラウンジ」も備えられ、長期滞在のゲストも飽きないようにというオーナーの心遣いと工夫が感じられる。

山や森に囲まれた
屋内プール

窓に山や森の景色が映る屋内プール。自然の息吹を感じ、身体の芯まで癒やされ、すがすがしい気分に。

ホテルの魅力1 | 美肌のための癒やしのスパ

両親をサポートする娘のオーレリーさんは、「ここはサント・オディール山の麓にあり、澄んだ空気と静寂の中で、ゆったりと過ごしていただけます。私たちがこだわったスパで、心ゆくまでリラックスしてくださいね」とやわらかな笑顔を向ける。

スパのメニューは、赤ワインの名産地というオットロットの特色を生かし、「ブドウ畑と森のトリートメント」や「赤ブドウの入浴」、「アルザスの息吹のボディマッサージ」など魅力的なメニューを揃える。スパは宿泊客だけではなく、外部の人も利用可能。おいしいものを食べて、優雅なスパタイムを過ごすという粋なプラン「ランチ&スパ」のセットメニューが大好評だ。

(上右)アルザス北部の鏡メーカーが作るステンドグラスがはめ込まれたダイニング。(上左)代々の骨董品に囲まれた風雅なテーブル席。

スパデータ
リラックス・ボディマッサージ50分間€80／ブドウ畑と森のトリートメント1時間40分(ブドウの種のオイルとモミの木のエッセンシャルオイルのボディマッサージ)€165。

（上左）革張りの椅子があるバー。シガーやお酒がゆっくり楽しめる。（上中）赤と黄色がアクセントになった優美なステンドグラスがあるダイニングルーム。（上右）明るい黄色の壁が映えるエントランス。（中左）客室のテラスからの淡彩画のような森の眺めも圧巻。（中中）左からマダムのサビーヌさんとシェフのエルネスト氏、娘のオーレリーさん。（中右）自慢のスパには、海水療法のハマムもある。（下左）ボルドー色の大きなソファが印象的なサロン。（下右）モミの木形のベッドヘッドが可愛い、山小屋風の客室。モダンな部屋もある。

ホテルの魅力2 | 山の幸の料理を満喫

シェフのエルネスト氏は、「ここは美しい山や森、牧草地、庭があり、フォアグラやジビエなど滋味豊かな山の幸の宝庫。私はこれらの地の食材を用い、伝統のレシピにこだわって、おいしい料理を作り続けていきます」と力強く語る。

代々伝わる骨董品の数々が置かれたメインダイニングで、まず味わいたいのは、上品で濃厚な味わいの自家製のフォアグラ。アルザスはフォアグラの一大産地だが、その中でもここのフォアグラは絶品。ほのかに甘く、なめらかな食感が舌を刺激する。中にイチジクを挟み込み、バルサミコ風味で味に変化をつけている。また、トマト・コンフィや細長いジャガイモを添えた、柔らかい赤身の牛ステーキは、素朴で力強い味。オットロットの赤ワインをふんだんに使ったソースがかかるノロ鹿のローストは、野性味にあふれる。丁寧に作られた一皿一皿に郷土の味わいがあり、食が進む。

また、アルザスならではの厳選チーズも魅力的。アルザスを代表するウォッシュチーズ、マンステールはミルクのコクや甘みがたっぷり。ハードタイプのトム・ダルザスは、フルーティな香りがし、いずれもチーズ好きにはたまらない。

ワインは黄色の花の香りと蜂蜜の余韻が残るピノ・グリや、程よい酸と優しいタンニンのバランスがよいピノ・ノワールなど個性豊かなアルザス・ワインが多く、いろいろ飲み比べてみたい。自然の恵みをリスペクトした食事はどこまでも心地よく、シェフ一家の温かいもてなしの心が、すみずみまで行き渡っていた。

P168(上左)モダンな透明感のあるガラスの皿で供される自家製のフォアグラ。(上右)美しく盛り付けられた牛ヒレ肉の料理。(下左)ノロ鹿のローストは、赤ワインの濃厚なソースが絶妙。(下右)ダイニングのコーナーに飾られた貴重なステンドグラス。

レストランデータ
ディナー€49～95 「ランチ＆スパ」のセットメニュー€75～は「ル・コントワール・デュ・シャトー」で。

HOTEL DATA

パリ・東駅からTGVでストラスブールStrasbourg駅まで1時間50分。そこからローカル線に乗り換えてオベルネObernai駅まで約30分。そこから4km。駅前には通常タクシーが停まっているが、いない場合は、下記サイトのタクシー会社に電話を。
http://www.itaxis.fr/obernai-67210.htm
オベルネ駅からはタクシーで10分。

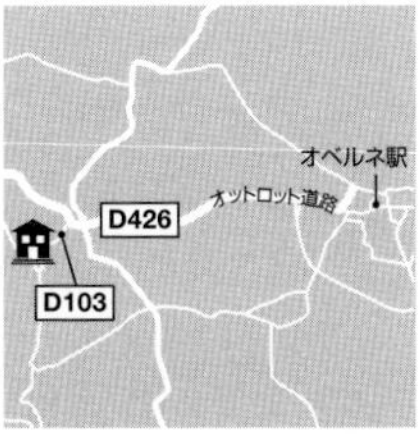

住所	11 rue des Châteaux 67530 Ottrot
TEL	+33 (0) 3.88.48.14.14
FAX	+33 (0) 3.88.48.14.18
URL	http://www.hostellerie-chateaux.fr/
客室数	66室 一般40室／スイート26室
料金	一般€127～317 スイート€279～750 朝食€21

パリからの移動

パリから美しい村への移動は、鉄道、飛行機、バス、レンタカーなど
様々だが、行き先によって、これらをうまく組み合わせ、
上手に使い分けることが、楽しく効率的な旅につながる。

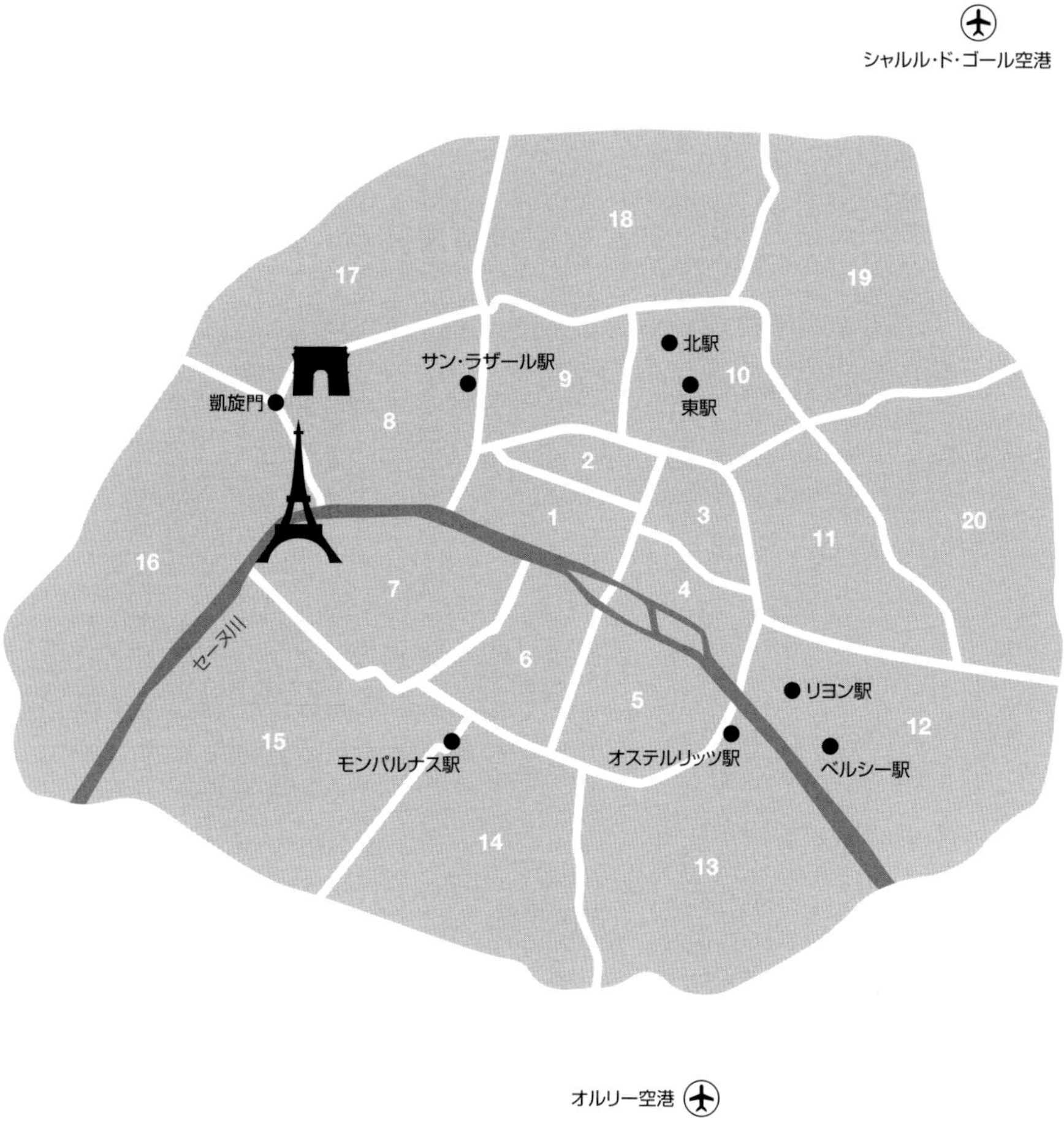

PARIS MAP

鉄道

レイルヨーロッパ
http://www.raileurope-japan.com/

フランス国鉄（ＳＮＣＦ）の鉄道網は、パリを中心に放射状に広がっている。パリと地方の主要都市のほとんどが、時速３２０キロを誇る高速列車ＴＧＶで結ばれている。在来線の特急や急行列車も多いので、上手に活用したい。

パリの国鉄駅はサン・ラザール駅、北駅、東駅、リヨン駅、オステルリッツ駅、モンパルナス駅の６つの主要な駅と、リヨン駅に従属したベルシー駅がある。行き先によって発着駅が異なるので気をつけたい。

鉄道のチケットは、**レイルヨーロッパ**の日本語サイトで、オンラインで購入できる。乗車都市と到着都市、人数、希望の日を選んで、探すことができる。

また、ＴＧＶを含むＳＮＣＦが乗り放題のフランスレイルパスも便利。利用開始日から1カ月有効期間中に3〜9日間まで好きな日を選んで、フランスを自由に旅することができる。パスは1等と2等がある。

ＴＧＶは1等車Première classeと2等車Seconde classeがあり、全席指定だ。チケットは駅の窓口で購入。あるいは、事前に駅かＴＧＶのホームページで予約することも可能だ。駅の窓口は人が並んでいることが多いので、時間に余裕をもって購入したい。

飛行機

エールフランス
http://www.airfrance.co.jp

フランスでは主要都市を結ぶ国内便が数多く運航している。フランス全土を網羅するエールフランスをはじめ、ルフトハンザやブリティッシュ・エアウェイズなどの国際線、格安航空会社のイージージェットなどがある。パリから主要都市まで1時間〜1時間30分で到着するので、行き先によって利用したい。パリの国内線の発着は、シャルル・ド・ゴール空港とオルリー空港の2つがあるので、注意しよう。

バス

バスは路線バス、ＳＮＣＦの代行バス、観光バスなどがある。鉄道が通っていない地域では、路線バスを活用する。

休日や冬季には運行していないバスもあるので、事前に確認しておきたい。鉄道などの移動手段が見つからない場合には、観光バスを利用する方法もある。路線バスは予約の必要はないが、観光バスやＳＮＣＦの代行バスは予約をしておくほうがいい。路線バスのターミナルは、通常、駅に隣接している。

レンタカー

フランスの最も美しい村は、秘境や山あいの奥地であることが多く、電車やバスの便がない場合がある。車の運転に慣れているなら、最寄りの鉄道駅からレンタカーを借りて移動するのが便利だ。

あらかじめ、日本で予約しておくことをおすすめする。フランスではマニュアル車が主流なので、オートマ車が希望の場合は、早めに予約を。その際、日本語のカーナビを一緒にリクエストしておきたい。現地の営業所ではカーナビを用意していない場合も多いので注意。カーナビはフランス語で、ＧＰＳ（ジェ・ペ・エス）という。

また、あらゆるリスクを考え、自動車総合保険に入っておこう。

借りるにあたっては、日本の免許証、国際免許証、パスポート、クレジットカードが必要だ。また、カーナビがあっても、道路地図は用意しておきたい。田舎では、日曜日はガソリンスタンドが休みのことが多いので要注意。

本誌では、最寄り鉄道駅から村やホテルへのルートを紹介しているが、ルートは道路の渋滞状況や工事などによって変わるので、あくまで目安としての紹介になる。

ハーツ　Hertz

●日本での予約
TEL：0120-489-882
https://www.hertz.com/

●フランスでの予約
TEL：08.25.88.97.55
http://www.hertz.fr

エイビス　Avis

●日本での予約
TEL：0120-31-1911
http://www.avis-japan.com

●フランスでの予約
TEL：0821-230-760
http://www.avis.fr

ホテルの予約

この本で紹介したホテルのうち下記のホテルは、オンラインで予約ができます。

Les Collectionneurs
(レ・コレクショヌール)

旅の相談窓口
050-3784-9550
(月-金:9:30〜18:30)
http://www.chaeauxhotels.jp

本書で紹介したホテル一覧

2泊3日以上できるなら、組み合わせて回りたい!

レンタカーで回る、美しい村ラウンド・トリップ

ROUTE 1

プロヴァンス～コート・ダジュール 海とアートの村を巡る旅

1日目

- パリから飛行機でモンペリエへ
- モンペリエでレンタカーを借りる
- レ・ボー・ド・プロヴァンス着
- レ・ボリー＆スパ泊

2日目

- ゴルド着
- ルシヨン着
- オーベルジュ・ド・ラ・マドンヌ泊

3日目

- コアラーズ着
- サンタニエス着
- ニースでレンタカーを返却
- コート・ダジュール空港からパリへ

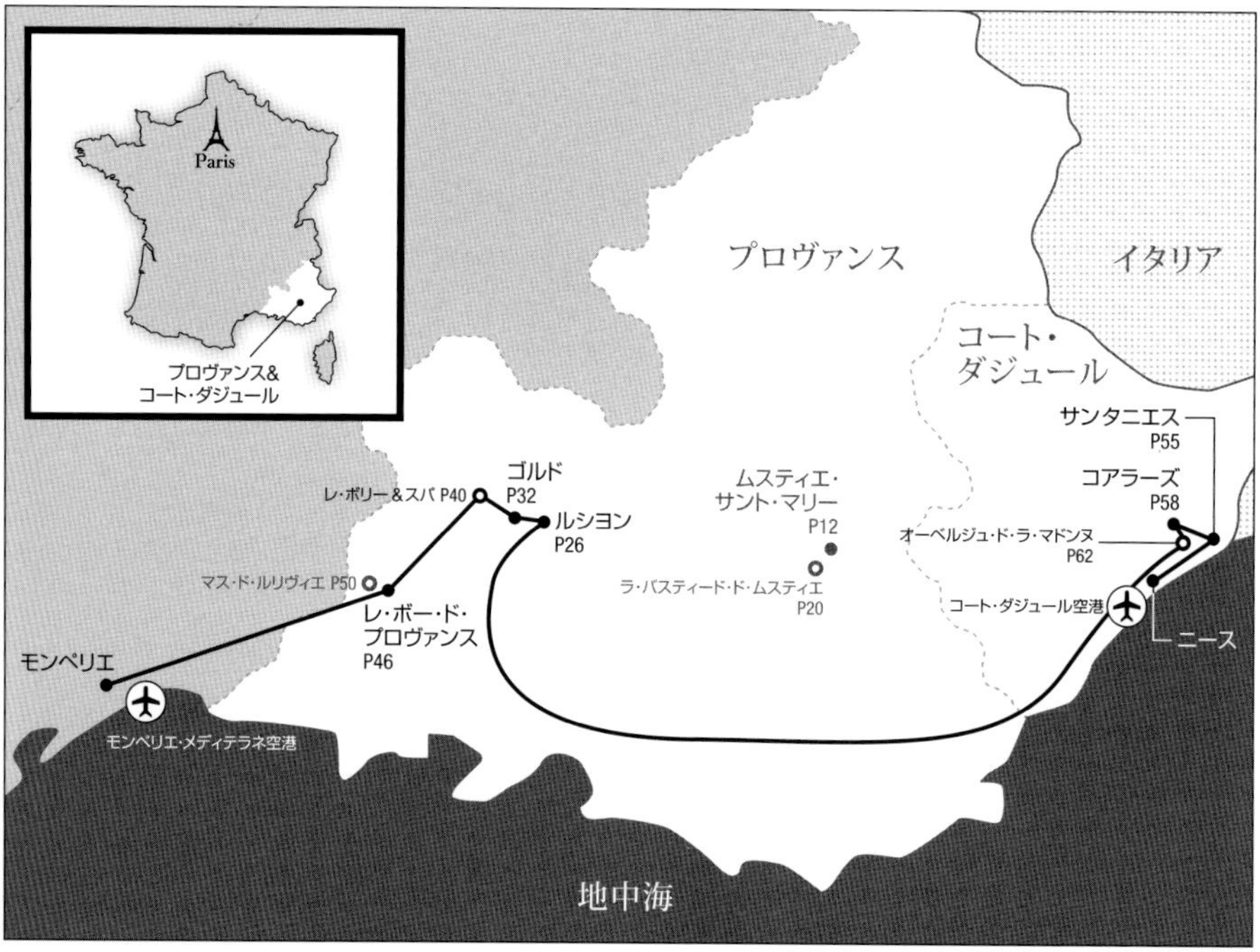

ROUTE

2 アルザス〜ブルゴーニュ ワイン街道を巡る旅

1日目

- パリから飛行機でストラスブールへ
- ストラスブールでレンタカーを借りる
- ミッテルベルグハイム着
- ウナヴィール着
- リクヴィール着
- エギスハイム着
- オステルリー・デ・シャトー＆スパ泊

2日目

- ディジョンを目指して出発
  ※途中、ペスムやシャトーヌフに立ち寄るのもおすすめ
- フラヴィニー・シュル・オズラン着
- ヴェズレー着
- ノワイエ・シュル・スラン着
- オテル・デュ・ヴュー・ムラン泊

3日目

- レンタカーでパリまで戻る

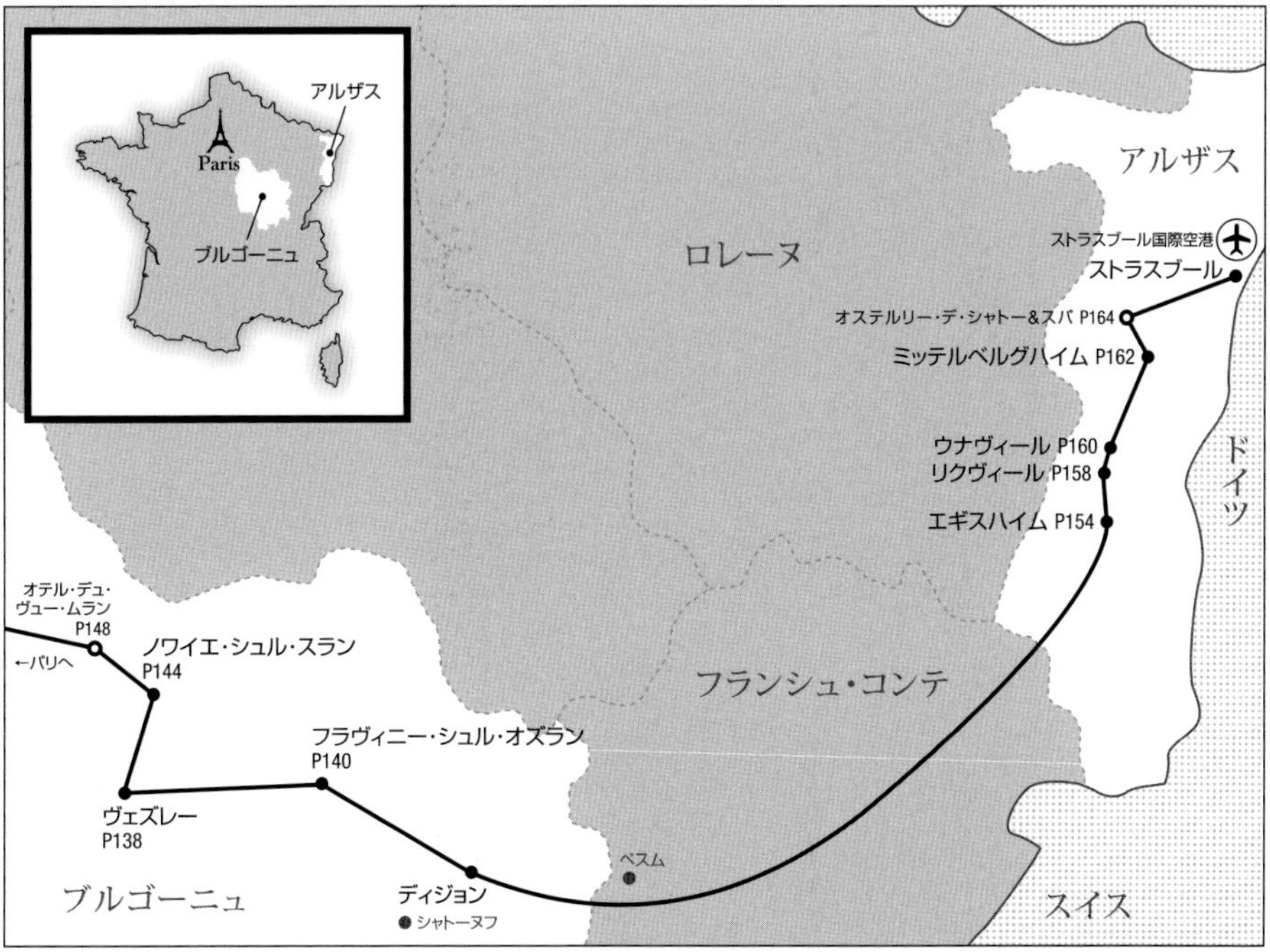

著者
粟野真理子（Mariko Awano）

大学卒業後、本田技研に入社。退社して編集プロダクションで編集や海外の旅取材を経験後、渡仏。パリに20年以上在住し、旅からモード、アートまでを網羅するフリージャーナリストとして活躍。日本の女性誌「フィガロジャポン」や「マリ・クレール」日本版（アシェット婦人画報社／現ハースト婦人画報社）などで、フランス各地の小さな村や異国のモロッコなどを巡るお洒落な旅の特集や連載記事を執筆してきた。現在も「和樂」や「プレシャス」「エル・ア・ターブル」「pen」「メンズプレシャス」など多数の雑誌で、取材・執筆活動を行っている。

撮影　Grammy Sauvage（パリ在住）

デザイン　塩浦志帆

イラスト（P9）　ムッシュ ユキ

初出：この本の一部は「marie claire（マリ・クレール）」日本版（2009年5月号～2009年8月号／アシェット婦人画報社）に掲載された記事を再編集しております。

パリから一泊《いっぱく》！　フランスの美《うつく》しい村《むら》

二〇一五年五月六日　第一刷発行

二〇一九年七月六日　第二刷発行

著者　粟野真理子《あわのまりこ》

発行者　茨木政彦

発行所　株式会社 集英社

〒一〇一-八〇五〇 東京都千代田区一ツ橋二-五-一〇

電話　編集部 〇三-三二三〇-六〇六八

読書係 〇三-三二三〇-六〇八〇

販売部 〇三-三二三〇-六三九三（書店専用）

印刷所　大日本印刷株式会社

製本所　ナショナル製本協同組合

ISBN978-4-08-781546-7 C0026